女人要有
高级感

Being a Woman of
Delicacy Temperament

乔瑞玲 著

北京日报出版社

和朋友闲聊时谈起一部老电影《可可·香奈儿传》，朋友感叹，可可·香奈儿的名字，已变成一块瑰丽的宝石，照亮了所有女人的梦。我点头赞同："斯人已逝，但风格永存。"

　　那天，我们从时尚先锋可可·香奈儿谈到了人间天使奥黛丽·赫本，那些活得无比高级、优雅的女人摇曳在时光中，几无褪色的痕迹，始终美得沁人心脾。她们的人生或许很难复制，但每一个平凡的女孩都可以通过一定的修炼变成更好的自己。

　　美学家温克尔曼曾经说过："女人的高贵与优雅是一种上天的恩赐……它包含在心灵的单纯与宁静之中……它赋予人的一切行为和动作以愉悦感。"

拥有高级感的女人会将自己活成一瓶昂贵的红酒，浓香馥郁，历久弥新。肤浅的女人却贪图冰啤的凉爽和碳酸饮料的刺激口感，只是一霎的享受后，往后的人生恐怕就只剩下寡淡。所以，千万不要放弃对自己的"高标准、严要求"，请朝着内外兼修努力。

　　足够爱自己是那些出色的女人生存于世的底气。她们在拼事业、忙家庭的同时，也不忘挤出更多的时间和自己好好相处。闲暇时，给自己煲上一锅汤，伴着窗外淅淅沥沥的雨声，悉心品尝。工作上做出了一点成绩，便奖励自己一次渴望已久的浪漫旅行。属于她们的高级的生活态度，是精致地活着，活出自己独一无二的风采和气质。

　　生活中，见过太多女孩拼命地花钱保养，对衰老这件事始终无法接受。我脑海中却时不时浮现出时尚女王黛安无比自信地说出这句话时的场景："每一条皱纹都是我拼命挣来的，为什么要抹掉？"坐在对面的杨澜顿生惺惺相惜之情，连连赞叹："这真的很棒。"

　　年龄不是我们活得邋遢懒散的理由，要知道，有些女人是能够优雅到老的。她们纵然脸上有了皱纹，眼神却始终清澈、明亮。她们从始至终都温柔活泼，不愿丢掉一颗少女心。

我十分推崇这样一句话："好看的皮囊千篇一律，高级的灵魂万里挑一。"那些优雅的女人，令人印象深刻的不是她们清丽脱俗的容貌和风姿绰约的身段，而是跳脱不羁的灵魂。她们注重生活的仪式感，既愿意用脚步丈量祖国的青山绿水，也愿意花时间将厨艺练得精湛。为了拥有将日子过成诗的能力，她们通过不断阅读来汲取营养。

活得高级的女人手中始终握有两张牌，一是经济独立，二是精神独立。而节制与自律便是她们能牢牢握紧这两张牌的底气。她们懂得克制自己的物欲，在"断、舍、离"中品味简约的人生。她们能将坚持发挥到极致，也能化身为控制情绪的高手，不随波逐流。更难能可贵的是，她们始终知道自己想要的是什么。

之前看过一部印度电影《神秘巨星》，女主角的母亲是一个逆来顺受的人，没有自己的生活目标，也毫无计划，活得浑浑噩噩。丈夫动不动就毒打、辱骂她，她却从未想过离婚，为自己扬眉吐气地活一次。

如果你也正忍受着混乱不堪的生活，那么一定要有反抗的勇气。首先，做到经济独立。只有实现这一点，才能有高傲地单身的资本。甩掉不想要的婚姻，才能有创造幸福的能力，才能保护自己想保护的人。除此之外，还要做到精神独立。勇于为自己的选择负责，敢于为自己梦寐以求的安全感买单，关键时刻不将就、不妥协、不放弃。

《奇葩说》中，主持人马东提到一个词——"扭矩"，这个词的意思是，一个人情商高、会说话，就像有一个支点足以撬动地球，他的人生也会因此而改变。女人的高级感亦藏在情商里，与人交流、谈心，她们态度真诚，言语朴素，将女人的善解人意体现得淋漓尽致。

一个好友曾提出一个观点："心态高级的女人，魅力无穷。"世事纷扰，紫陌红尘，前路永远埋伏着连绵的风雨和尽的烦恼，尽管如此，有一类女人却能在逆境里修炼出一颗从容的心，做到不慌不忙、不骄不躁地活在这个浮躁喧嚣的世界中。

这与一句话不谋而合："有一种女人，站在那里就是风景，自带故事；低头就是一首诗。气质与时尚，从来都无关岁月，唯关乎自心。"

女人的高级感，首先体现在她们的形体与外表上。所谓"气场"，都是通过后天培养而成的。曾看过戴安娜王妃的两张照片，第一张是少女时代的她，照片中的她虽然眼神明朗、五官秀美，但美中不足的是体态存在着很大的问题，驼背、耸肩、塌腰让她看起来萎靡不振。第二张照片中的她，却让人眼前一亮，只见她背脊挺直，双肩平展，显得端庄而又大气。

仪态万方的女人，无论是坐在那儿，还是款款前行，都美得令人过目难忘。如果再加上匹配的穿搭、合适的妆容，那种质感与高级感就仿佛能溢出静态的照片，流淌入你的心里。

高级感，是对女人内外兼修的最好诠释。而《女人要有高级感》这本书，从内在修养、自律、情商和外在仪态、穿搭等方面入手，将女人活得高级、优雅的智慧阐述得淋漓尽致。不妨将其当作一本枕边书，让它陪伴你度过一次次自我蜕变之旅，助你成就完美的自己。

目 录 Contents

Chapter 1 女人要做一瓶红酒，
而不是一瓶啤酒

女人要做一瓶红酒，
而不是一瓶啤酒

01

女人内外兼修，
是对高级感的最好诠释

很喜欢杨澜说过的一句话："没有人有义务必须透过你连你自己都毫不在意的邋遢外表，去发现你优秀的内在，你必须精致，这是女人的尊严。"演员奥黛丽·赫本有句话与此有异曲同工之妙："迷人的双唇在于亲切友善的语言，可爱的双眼是因为它们善于看到别人的优点，苗条的身材是因为将食物与饥饿的人分

享，美丽的秀发是因为孩子的双手经常抚摸它们，而优雅的姿态来源于和知识同行。"

女人就像一本书，令人看到后感到舒适的容颜是书的封面，充满诗情画意的内在则是书的灵魂。赏心悦目的外表，加上有思想有内涵的内在气质，才是对女人高级感的最好诠释。

宋美龄一生都优雅从容，她把"美"当成自己最重要的座右铭，把形象管理作为人生的必修课，从未在这件事情上有所懈怠。

宋美龄很小的时候跟随二姐宋庆龄去了美国，她对于着装的审美从学生时代就已经开始萌芽。第一次回到上海时，她便从自己的审美角度出发，对中国的旧服装进行改良。将女子的筒式上衣修改得非常合体，腰部也特别合身，中西结合的设计让她的作品总是能引领时尚。

宋美龄在世的时候每天都穿旗袍，旗袍对女性的身材来说是绝对的考验，可见，宋美龄对自己的身材要求是很严格的。

但宋美龄绝对不是个花瓶，她是一个琴棋书画样样精通的才女。她 10 岁赴美留学，除了会说英语之外，还会六国语言。钢琴也弹得十分出色，宋庆龄曾经向别人夸过自家小妹琴艺很出众。在大学期间她更是以学业为主，不断完善自己的学识和修养。

因为幼年出国，所以汉语底子薄弱，她为了掌握汉语和中国的古典文化，特意请了一位私塾先生。这为她后来的公开演讲等活动奠定了坚实的基础。她毛笔字也写得很好。国画方面，宋美龄也颇有造诣，她是当时知名画家黄君璧和郑曼青的学生。因她绘画天赋很高，甚至曾经有人怀疑她的画是由郑曼青代笔的。

宋美龄一直是美丽的：在她50岁时，她是美丽的；在她70岁时，她仍旧是美丽的；在她的生命即将走到尽头时，她还是美丽的。这种美来源于她高贵的灵魂，来源于她的精神力量。

真正有高级感的女人，不是只拥有美丽的外表，而是美貌与才华并重。只有内外兼修的女人，才能经得起时光的精雕细琢。

之前在《朗读者》这个节目里看到袁泉，完全不敢相信她是一个年过四十的女人。她一身白衣，一举一动都给人一种舒服自在的感觉；她的笑容让人如沐春风，在她身上完全找不到岁月的痕迹。袁泉在节目中分享了自己的求学之路，她11岁就离开家独自一人去北京学习京剧，整整七年，她是靠着三百多封和父母的家书才度过了那段时光。

袁泉所展现出来的高级感，绝不是因为保养得好，而是因为随着时间的流逝，那些沉淀在她骨子里、她灵魂深处的知识所散发出的气息。

一个女人真正的高级感不仅来自外表，更要有强大的内在作为支撑。只有不断学习，才能让一个女人有越来越深层次的高级感；内心不断得到充实，才能活出不惧年龄的高级感。

看过一部日本电影《川流不息》，内容是在少女时期就离开故乡的一位女作家，在 60 岁时因身患癌症重返故乡。她没有选择动手术来延长生命，因为手术之后不能随便行动，她想用自己剩下的三个月见一见初恋情人和以前的朋友。

这位女作家虽然年纪很大了，但是她的魅力并没有退去，这份魅力来源于她一生对文学的无悔追求。女作家临终之前化了精致的妆容，穿着华丽的和服，坐在摄像机前诉说自己生命最后一刻的感悟。她的样子并不像是走向死亡，而像是即将迎来新的生活。

为什么我们很难喜欢上一个只懂得涂脂抹粉而不够热爱生活的女人，因为一个女人对生活的态度才是她内在的品质。真正的美人，必定是内外兼修。

02
高级感不是天生，
而是源于对自己的高要求

　　之前看《欢乐颂》的时候，特别羡慕安迪的高质量生活，觉得她一颦一笑中都透露出一种高级感，甚至连吵架都跟别人不同。后面越看下去才越明白她这种高级感并不是与生俱来的，而是源于她对自己的高要求：每天雷打不动地晨跑，做到了公司高层还在坚持读书。

　　与安迪相比，我实在很害怕活成剧中邱莹莹的样子，过分矫情，随波逐流毫无目标。每次遇到事情她就只有一肚子委屈，面对困难永远是逃避，等着别人帮她收拾残局。

邱莹莹担心自己继续待在上海也没什么前途，每天念叨着要去学会计，却从未看到她付出实际行动。眼瞧着别人都在努力，她却借口自己能力不行。闲下来的时候，她宁愿八卦别人的私生活也不愿意提升一下自己。失恋了也从不反思，而是把责任全部推给别人。

邱莹莹的角色其实映射了很多现代女性的心理，有时候明知道自己不够优秀，也从来不愿意努力。她们活得浑浑噩噩，对自己的人生毫无目标，对未来毫无期待。

一个对自己有着高目标、高要求的女人是会越活越有质感，越活越高级的。正因她们拥有更高远的目标，始终严格要求自己，才能摆脱现实条件的种种束缚，活成自己想要的样子。正如安迪所言："如果你出身不好，你还因此抱怨，不求上进，那么不好意思，你就是活该这样。不管你出身怎样，你想要过得很好，那就要靠自己的努力去争取。"

我很喜欢的一个女演员每年都会在网上分享自己的年度计划。2018 年伊始，她给自己定下了新的目标："我要发现生活的更多美好……然后认真工作，拍一两部戏，有时间就多写字，多画画，多点时间运动、旅行，再出一本关于小动物的书。"

多年关注下来，由衷感到，这位女演员将目标公之于众，并不是为了吸引流量、作秀。她是秉着一种对人生负责的态度去做这些事的，所以她每完成一个小目标都会及时与大家分享自己的喜悦。而她那认真生活的模样，确实给网友们带来了莫大的感动与鼓励。

女人在生活中有了目标，就不会活得随随便便，懒惰怠慢。她们对自己的要求越高，对目标的执行力就越强，生活给予她们的回报就会越丰厚。

作为女人，对于美的追求永远不要退而求其次。我所认识的那些优秀的女性，无一不注重自己的外在形象。她们的五官不一定完美，可但凡出现在人面前，总给人一种优雅、精致的感觉。她们永远能管住嘴迈开腿，所以一直保持着轻盈的体态。很少熬夜、坚持运动，让她们年纪再大，举手投足间也能释放出满满的活力。

女人对自己要求越高，才能活得越来越有底气。除了容貌、身材外，女人对自己的高标准、严要求还体现在她们对事业的追求上。

安于现状、甘于平庸可能是你最大的敌人。而在当今的社会中，女人一旦能找到事业上的目标，由此将自己的人生价值发挥得淋漓尽致，那她整个人都会焕发出光彩。

我有一个高中同学，家庭条件非常好，大学毕业后她爸爸直接给她安排好了工作，而且薪水很高，待遇也特别好。很多人都羡慕她，以后可以顺风顺水了。

可是她工作没多久就选择了离开公司，大家都不明白她为什么要放弃这么好的工作，家里人也都劝她，但她还是辞职了。她说，不喜欢这种每天按时打卡上班的生活。

后来她自己开了一家服装店，生意有了起色之后也会自己设计一些衣服，慢慢开始线上线下结合起来销售，现在虽然很忙却很充实。有朋友问她过得辛苦不辛苦，她说确实辛苦，但是之前的生活更"辛苦"，因为看不到未来。

没有任何一件事是可以一蹴而就的，只有提高对自己的要求，才能活出更高级的人生。现在时代变化太快，所以导致人们误以为凡事都有速成法。明天的考核今天才开始准备，今天开始努力明天就想看到成效，今晚出去跑步明早起来就想看到减肥成功的自己。

有人羡慕那些走到哪儿都闪闪发光的人，但是谁能知道她们在黑暗的空间里忍受过多少痛苦；有人羡慕那种在舞台上被所有人簇拥的感觉，但是谁能知道她们在台下流过多少汗水？

　　这世上根本没有什么免费的午餐，所有的美好，都不过是凭着自己坚定的意志忍过了最难熬的日子而已。生活不会辜负任何一个努力的人。

　　高级感并不是一朝一夕就能养成的，一定要有改变的决心，并且要及时行动。脚踏实地、一步一个脚印地向自己心中的样子努力，越认真的女人越美丽。

03

你不必生得惊艳，
但要保持独一无二的高级感

在网上看到过这样一个问题："如果上天再给你一次机会，你最想活成谁的样子？"有一个网友回答："如果时光可以倒流，我愿意活成刘雯的样子。"

刘雯可以说是独一无二的存在，很少有人能模仿她的气质。她来自南方的一个小城，怀揣一腔热血，一头扎进模特圈，如今已是亚洲超模。但是你仔细想想就会发现，她从未给自己身上贴过任何标签。

她从来都知道自己想要什么，刚开始做模特的时候，有人说她长得不好看而且台风不稳，她为了证明自己，仔细研究了两千多本杂志。初到米兰时，她敲开一家又一家品牌公司的大门，但四处碰壁。

真正独一无二的人都敢于直面自己，接纳自己的不完美，对于别人的评价不过度纠结。很多女人生活得不快乐就是因为太在意别人的看法，渐渐失去了自己。而刘雯则恰恰相反，她接受生活中的不如意，用良好的心态面对一切冷言冷语。

她其实骨子里就带着一股倔强："做害怕做的事并把它做好，不管这件事有多难，这就是勇敢。"终于，她的努力得到了认可。成名之后她还是不忘初心，坚持走秀，时装周的时候一个月可以走七十多场，每天工作长达十九个小时。

在不同城市之间飞来飞去，她说："我不停奔跑到远方，但在路上，欢乐总多过忧伤。"她一有时间就去健身房锻炼，日常饮食也简单又健康。

她认真生活，不断努力提升自己，所以才有了今天这种独一无二的气质。这种特别的高级感，是骨子里的坚持和不服输的勇气。女人最不喜欢被人提及年龄，但是刘雯说："我30岁了，往后的日子，会走得越来越好。"

在书上看到过这样一句话："颜值有保质期，但是气质没有。"能让女人一辈子发光发亮的，不是令人惊艳的外表，而是独一无二的气质。

2016 年，知名主持人杨澜在广州举办新书《世界很大，幸好有你》的读者见面会。其间聊到一个话题："女性如何变得有气质？"杨澜说："女人爱美是一种天性，但是变美的秘诀至少要花三个小时才能说完。美丽到了一个高级阶段就是要认识它，要从关心他人的意见变成关注自己所表达的东西。到了一定年纪你就会发现，打扮其实只是一种衬托。"

曾有网站列出了一些比较典型的焦虑症状，其中有一种是信息焦虑。之前一起合租的一个小姑娘，每天睡觉之前要把关注的账号更新的内容都看一遍，有一些是美妆博主发的化妆教程，也有一些是她比较崇拜的女明星。她还会看看收藏的网络店铺有没有上新，而且她总能按时完成健身博主推荐的健身计划。有时候困得手机都拿不住了，却还是坚持着。我问她为什么这样，她说她只想变得像别人一样优秀。

这个姑娘特别想把自己变得更好，于是别人做什么她就做什么，看起来非常努力，却把自己变成了更好的别人。到头来收获的也只能是不模仿别人就很空虚的焦虑。

当你以为自己把别人的气质学过来了，却发现拥有的只是更多的焦虑。气质很难装出来，它是由内而外散发出来的独特气息。女人只有把美刻在骨子里，才能找到属于自己的独一无二的高级感。

一生中有十八次在"年度最受尊敬人物"中被提名为"十大最受尊敬女性"之一的特蕾莎修女，她从 12 岁开始，直到 87 岁去世，一直为那些受苦受难的人奉献自己的力量。1979 年她到瑞士领奖的时候，将自己的奖金和活动募集到的钱全部捐给了仁爱传教修女会。特蕾莎修女是全世界公认的最美的女人。

不过，并不是说每一个女人都应该放弃外在的打扮，而是说每一个女人在精心打扮自己的同时，也要注重内心世界的建设。漂亮的脸蛋只是一时的，永久的漂亮一定离不开内在。

女人的美可以来源于善良，这是灵魂深处的悲悯；女人的美可以来源于温柔，这是化解戾气的柔情；女人的美可以来源于学识，这是沉淀气质的必经之路。哪怕你脸上爬满皱纹，容颜变得苍老，只要你的善良、温柔、学识都还在，你就还是最独一无二的你，这种美是永恒的高级感。

04

足够爱自己，
是女人高级的底气

　　我有一个朋友，长得不算漂亮，但是很温柔很善良。她毕业之后选择结婚生子，有了孩子之后把工作也辞了，没有了自己的收入，花每一笔钱都得精打细算。

　　老公经常出差，后来干脆留在了国外，她开始准备出国去陪老公。但是老公不让她过去，说自己工作的环境很艰苦，怕她太辛苦。于是她就打算过去读书，想离他近点，等拿到录取通知书之后，老公却让她安心在家照顾老人和孩子，如果她去读书就离婚。

她没办法只能妥协。没过多久老公还是提出了离婚，于是她从一个小姑娘变成了单亲妈妈。生活中有很多这样的例子，结婚之后选择为家庭放弃自己原本的生活，到头来却被生活泼了一头冷水。因为不懂得爱自己，所以别人也不会珍惜你无止境的付出。

　　以前看过一部电影《超大号美人》，影片的女主蕾妮因为太胖所以很没有自信，她总是被身边的人嫌弃、嘲笑，于是她开始假装积极生活，健身、控制饮食，但是没有一样能坚持下来。

　　一天，她去健身房健身，但是因为用力过猛摔到了头部，清醒之后就发生了神奇的事情。她变美了，身材也变苗条了，不过这种美只有她自己能看见，在其他人眼中她依旧满身赘肉。她满心欢喜地辞去了现在的工作，自信十足地去应聘美妆公司的前台，一直对颜值要求特别高的老板却因为蕾妮的自信破格录取了她。

　　蕾妮认真的工作态度得到了经理的关注，她受邀到波士顿成为新方案的主讲人，一位男子对她一见倾心，她主动出击，最终得到了一个很忠诚的男朋友。美貌给了她自信，使她爱情事业双丰收。

在网上看到一句话:"爱自己的女人,运气一般不会太差。"懂得如何爱自己,是一种能力。如果经常忽视自己的感受,你在别人的眼里也会慢慢变得微不足道。那些真正爱自己的女人有着足够的自信去承担自己的未来,而不会将自己对生活的期望寄托在别人身上。

女人要学会对自己好一点,与其卑微地爱着别人,不如把这些时间花在自己身上。生活除了柴米油盐,还有琴棋书画,别辜负自己,也别辜负这世间的美好。

杨澜曾在《天下女人》的节目中采访了三位女性,问她们对"宠爱自己"这个话题有什么样的看法。

第一位女性刚毕业,本该是享受青春的年纪,但是她说:"我也想宠爱自己,但是我现在刚毕业,根本就没有钱宠爱自己。我现在唯一的愿望就是能够有一份好的工作,多挣一些工资,在以后的日子里或许会对自己好点。"

第二位女性是一个刚结婚的女人,对于这个问题她也表示没有多余的钱宠爱自己,房贷、车贷还等着还,或许还完之后会开始宠爱自己。

第三位女性是一位母亲,她回答自己没有时间宠爱自己,工作、孩子、家庭已经占去了她的全部时间。而且生活压力太大，经济条件也不允许她宠爱自己。

　　几个人的回答其实意思都差不多，都是因为没钱所以没办法宠爱自己。对此，杨澜在节目中说道："女人要宠爱自己，不关乎你有没有钱，因为它是女人的一种本能，更是一种感受能力。这个宠爱其实很简单，就是让自己每天都生活得很幸福，做自己想做的事情，吃自己喜欢吃的东西，不因为一些外在的因素影响你的生活品质，因为这是你内心的一种感受能力，不能因为一些外在因素剥夺你自己的这种能力。"

　　所以没钱并不能成为你不爱自己的借口，有时候停下脚步欣赏生活中的美好就是在宠爱自己。仰望夜晚的星空，陶醉于雨后的彩虹，这一刻你的心情就会无比愉悦。不管什么时候，人都需要放松，一直处于紧张的状态也是对自己的一种伤害。偶尔放松心情，你会发现爱自己其实特别简单。

　　有这样一句俗话："先学会爱自己，才有资格去爱别人。"如果连自己都放弃了爱自己，那么又有谁会爱你呢？一个连自己都不爱的人又怎么会爱别人呢？

　　当你学会爱自己，即使外面狂风暴雨，你的内心世界依旧阳光明媚；当你学会爱自己，即使长相再难看，你也可以散发出自信的光芒；当你学会爱自己，即使被生活折磨得遍体鳞伤，你也可以微笑着去面对。

　　一个女人足够爱自己的表现，就是会不自觉地欣赏自己，眼里看到的一切事物都是美好的。不管现在你的人生走到了哪个阶段，你都要找到自己真正喜爱的事情，和喜欢的一切在一起，把生活装扮成你最想要的样子。

05

活得高级的女人，
永远不因家庭放弃自己

《纽约时报》曾发布过一篇"关于婚姻十五问"的文章，其中的问题是这样的：

1. 我们要不要孩子？如果要，主要由谁来负责？

2. 我们的家庭赚钱能力及目标是什么？消费观及储蓄观会不会发生冲突？

3. 我们的家庭如何维持？由谁来掌握可能出现的风险？

4. 我们有没有详尽地交换过双方的疾病史，包括精神上的？

......

我觉得最有意义的莫过于第十三个问题："我们永远不会因为婚姻放弃的东西是什么？"

女人刚结婚的时候总是被幸福包围着，沉浸在新婚的喜悦中，这时最不善于拒绝。满心满眼都是爱人，想要融进对方的生活，但是唯独忘记了自己原本拥有的，比如工作。或者忘记了自己是一个独立的个体，把人与人之间本该保持的界限全部打破揉碎了。结婚后有了属于自己的家庭，为了夫妻关系和谐，照顾老人、孩子方便，女人通常是会做出妥协的那一个。

林徽因曾说过："温柔要有，但不是妥协，我们要在安静中，不慌不忙地坚强。"林徽因和梁思成的婚姻令人羡慕，两个人一起去美国读书，读的是林徽因最喜欢的建筑系。婚后度蜜月也是一边学习一边旅行，回国之后两个人任教于东北大学建筑系。

林徽因是一代才女，她没有因为家庭而放弃自己最热爱的建筑事业，而且还与梁思成共同参与完成了很多建筑设计。

在我看来，女人最不应该为了家庭放弃自己热爱的东西。女性对婚姻总是有着诸多美好的想象，但到头来你会发现，一切都是梦一场。我身边就有这样一个朋友，从小内向本分，一直到大学毕业都没谈过恋爱。她喜欢写作，可是找的工作是金融方面的，工作之后也算顺风顺水，没什么大的波澜。之后遇到一个好男人，两个人是同事，男人很有上进心，追求了她整整一年。

谈了两年的恋爱后，他们选择结婚，但是男人要被调去外地工作。为了另一半能有更好的发展，她选择辞职跟从。本来打算到了新的地方重新找一份工作，但这时她怀孕了，男人信誓旦旦地承诺会养她一辈子，于是她打消了找工作的念头。后来她又想重新拾起自己写作的爱好，不过也因为写得不好而草草结束了。

就这样，她安心在家里做起了全职太太，这一做就是七年，渐渐也跟外界脱轨了。虽然经常带着孩子到处旅游，但是她发现越来越不认识自己了，男人的出差也越来越频繁，几乎很少陪她。

带孩子的辛苦和丈夫的逐渐冷落，让她有些喘不过气。他们很少见面，见面也总是很不愉快。终于有一天，丈夫出轨了，向她提出了离婚。她这才发现自己已经什么都不会做了，为了家庭可以说是放弃了自己的一生。

作为女性，结婚之后要经常反思，我想要什么样的生活，怎么样才能让我更加充实。为了家庭放弃事业是有风险的投资，可能另外一个比你更有魅力的女人的闯入，就会让你的投资血本无归。

法国女作家西蒙娜·德·波伏娃在《独立宣言》中写道："我绝不让我的生命屈从于他人的意志。"她也真的一生独立自主，从不曾放弃自己喜欢的事业。

我比较喜欢的一位女主持人陈鲁豫说过这样一句话："面对无解的爱情与人生，我们唯一能做的其实就是尽力按照自己的心意生活，不被任何人的意志所左右。"

陈鲁豫曾在央视任职，后来选择去美国留学，并结识了第一任丈夫。但是她并没有因为家庭生活而停下自己的脚步，婚后携丈夫回国并加盟了凤凰卫视，这才有了知名的《鲁豫有约》。尽管第一段婚姻以失败告终，但这并没有对她产生毁灭性的影响，相反，她还在事业上再创辉煌，《鲁豫有约·说出你的故事》被《时代周刊》称为"十五年来中国最有价值的电视节目之一"。

后来她重回初恋的怀抱，有了第二段婚姻，但是她对自己的事业更加认真了。她入选了《中国国家形象宣传片——

人物篇》，并且出版了很多书籍。活得高级的女人，从不会为了家庭放弃自己。

人是最善变的动物，而且世事无常，婚姻不一定能作为爱情的保障，家庭也不能成为你放弃自我的借口。只有努力按照自己的想法生活，活出最真实的自己，有足够的选择权，才不至于在家庭生活中委曲求全。

虽然生活可能会一点点耗尽我们的精力，让我们在柴米油盐的琐事中迷失自己，但是足够聪明的女人永远敢于直面挑战，永远不会放弃，在扮演好家庭中的角色的同时，还能挤出时间留给自己，不断为自己充电，将命运掌握在自己手里。

高级的生活态度，
就是精致地活着

　　以前看到过这样一个问题："有没有一张图片让你瞬间明白了什么叫'气质'？"某个回答抓住了我的眼球。回答中附了一张照片，照片中的女子一袭素雅的旗袍，妆容精致。她低头浅笑，手抚瑶琴，美得动人心魄。

　　回答者介绍说，照片中的女子叫裕容龄，有"中国第一位现代舞者"的美誉，师从著名的芭蕾舞艺术家伊莎多拉·邓肯。她的姐姐是慈禧的御前女官裕德龄，裕容龄本人也曾入宫为女官。

迈入老年后，因为一场意外，她的双腿折断了，只能在床上度过残生。尽管如此，裕容龄依旧活得十分讲究，保持着昔日的尊严与风度。她每日梳洗整洁，穿着素雅，从不以潦倒、邋遢的面目示人。人生中最后那几年，每逢有朋友前来探望她，她都是一副豁达乐观的样子，谈吐高雅幽默，令人心生赞叹。

我不由感叹，在这个世界上，漂亮的女人有很多，但活得精致而又高级的女人并不多见。后者往往拥有高雅的气质、独特的魅力，令人一见倾心，念念不忘。

很多女孩向我抱怨："谁不愿意过精致的生活？谁不想活得更高级一点？可没个好家底，拿什么去高级？没钱，就别穷讲究了！"

"没钱"不是你活得灰头土脸、落魄颓丧的理由。或许在很多人看来，精致是用钱堆出来的，只有用最奢侈、顶级的东西才能达到精致生活的标准，但我并不认同这样的观点。所谓"精致地活着"，不是过高高在上、远离人间烟火的日子。它是一种讲究的生活方式，一种不将就不凑合的态度，是一种骨子里的韧性和一种不服输的力量。

记得钱锺书先生说过这样的话："洗一个澡，看一朵花，吃一顿饭，假使你觉得快活，并非全因为澡洗得干净，花开得好，或者菜合你口味，主要是因为你心上没有挂碍。"

这在我看来更接近于精致生活的本义。买不起大牌衣服又怎样？你可以选择剪裁舒适、款式新颖的小众品牌，将自己收拾得利索干净，美得独特而又自然。

买不起奢侈的骨瓷餐具又怎样？你从不懈怠一食一餐，用新鲜的食材好好招待自己的胃，用滋味浓郁的汤汤水水浸润自己的灵魂，那就是精致的生活。

在自己能力范围内，你完全可以活得精致认真。见过很多人，将费力做出来的饭菜随便盛在不锈钢饭盆里，吃得心不在焉。其实，花一点时间去添置好看的碗碟，铺上洁白的桌布，摆上一束含苞欲放的玫瑰，哪怕是一碗素面，你也能吃出幸福的味道。

精致女人身上的那股高级感并非天生，而是后天修炼而来的。她们要求自己尽量感受美。买不起昂贵的香水，那就种满一阳台的植物，在花开的季节享受别样的植物清香。喝不起进口的红酒，就在葡萄成熟的季节，自酿一点葡萄酒，装在玻璃瓶里，放在角落。等待某个静谧的夜晚，为自己倒上一小杯，就着心事，浅酌慢饮。

你看，并不是得大把花钱才能换回精致的生活，可懈怠生活的人总喜欢哭穷。他们真正缺少的，不是物质，而是做人的态度与心胸。正因内心贫瘠，才会肆意放任自己的懒惰。

曾经，我也活得无比粗糙。生活极度不规律，爱睡懒觉，几乎每天都踩着点上班。下了班就去胡吃海喝，晚上躺着刷手机到十点多，肚子饿了便煮包泡面当夜宵。结果呢，身材越来越胖，皮肤越来越粗糙，黑眼圈越来越重，脑子里却越来越空。

而同事沈嫣是我见过的活得最精致的女孩。她注重搭配，穿的衣服并不是很贵，看起来却合身、得体，显得很高级。她总是化着淡妆，长发柔顺。我们挤地铁时都不顾形象，她却说："地铁里那么挤，顶着一头脏乱油腻的头发，太没礼貌了。"

每天早上，她六点准时起床去做瑜伽，之后洗澡、化妆、吃早饭，不慌不忙。到了办公室后，她将每天要做的工作都列在便签上，做完一条便划去一条，极度认真负责。

她注重外在形象，更在乎家居时光，每当放假在家，她会先将居住的小屋子里里外外收拾干净，再点上一只香薰蜡烛，放一首最爱的曲子，穿上自己最舒适的衣服，坐在地毯上看书、追剧、喝咖啡，或者什么都不做，只是安静地听着窗外淅淅沥沥的雨声。

在某篇文章中看到这样一段话："生命不是一场火急火燎的路过，也不是春运时漫长的排队等待，它是一场欣赏，也是一场享受，欣赏自己轻松幸福的态度，享受自己宽厚的心地所展现出来的诗意世界，它需要我们活出一场与幸福相伴的水天一色。"

是啊，一个用心的女人，哪怕暂时生活在最低谷，也能用心收集阳光和诗意。她们拥有好的生活习惯、清晰的目标、独立的思想，力图将生命中的每一日都活出精致，活出质感。

让自己越变越好，是她们一生的修行。她们明白，精致从来都和钱无关，它体现的是内心深处的柔软与丰盈。所以她们穿梭于紫陌红尘中，既能拥抱平凡，自得其乐；也能创造不凡，步履不停。愿你我都能成为这样的人，在时光中从容镇定，精致到老。

女人身上的高级感，
如陈年佳酿愈久愈醇

经常听到身边的人说："男人越老男人味越足，而女人越老越不值钱。"我非常不认同这种说法。优秀的女人，20 岁是优秀的，40 岁只会更优秀，50 岁的时候还是会韵味犹存。

我认识的一个阿姨将近 50 岁了，虽然岁月不可避免地在她的脸上留下了痕迹，但她还是保持着年轻时的状态，早上起来跟爱人一起跑步，偶尔休息了跟爱人一起出去旅行。身边的同龄人都很羡慕她，觉得她年纪越大反而越显年轻了。

为什么有些女人越活越年轻，越活越有味道？我认为她们都做到了这两点：自信；不断丰富自己的内在。

1. 自信

自信的女人是最美的，拥有了自信，就拥有了人类最高贵的品质，就不会畏惧岁月的流逝。因为她知道，岁月只会让自己变得更加成熟，内在的品质早晚会超越美丽的外表。无论什么年纪，无论经历过多少风风雨雨，自信的女人都会精心打扮自己，以最舒服的样子示人。

自信的女人会永远保持精力充沛，让自己的灵魂深处都能散发出香气。这样的女人才是最美的女人，在生命的旅途中，她们就是一道靓丽的风景线。

奥黛丽·赫本，她是美了一辈子的女人，可以说是美到了极致。她身上的高级感，仿佛夜空中最亮的星，照亮了几个世纪。她是所有女人的偶像，是女人的典范，更是气质与高级的代名词。单纯的"美"根本无法定义她的人生，她的美绝不是皮囊之美，而是刻在骨子里由内而外散发出来的魅力。

晚年的她虽然皮肤不再紧致，身材不再玲珑有致，但卸去了浓妆，依旧迷人。她满脸皱纹地跟非洲贫病儿童合影的样子美极了，自信的笑容就好像她从未老去。1993年，诺贝尔和平奖得主特蕾莎修女得知赫本病危的消息后，呼吁所有的修女彻夜为她祷告，祈祷她能够奇迹般地康复。

自信的女人的精神世界一定足够丰富，赫本曾经说过："要想有自信的态度，请学习你不曾学过的知识。"要做最自信的女人，每天都要用心生活。无论工作还是休息，都请把它当成是一种享受。

2. 不断丰富自己的内在

容貌可能会随着时间老去，但是女人的韵味不会，它只会越来越深地在你的身体里扎根，让你的女人味越来越足。有人感叹时光匆匆，带走了我们美丽的容颜，但是岁月给予我们的，远不止我们所看到的。

随着时间的流逝，我们得到的还有更加丰富的阅历和更加成熟的心智；我们所收获的是更加丰盈的灵魂，是更加坦然的心态，是更加沉稳的心思。是时间让女人读懂了爱与生活，更看透了自己的内心，从而变得更加优雅从容。

歌手周慧敏 50 岁依旧保持着少女般的样子，唱歌跳舞样样精通。她当年在事业上升期选择告别舞台，社会上流传着很多种说法，对此她回应道："了解我的朋友都知道我自小习惯了简朴的生活，相信这是我的天性，对于物质，我一向都没有什么欲望。拥有的同时，我更清楚自己的内心所需，心灵富有比一切来得更重要！"

周慧敏是个多才多艺的人，从小开始学习钢琴，在她发行的专辑里有二十首歌曲都是由她自己作曲，还有几首歌是自己作词。女人只有内心充实、心灵富有，整个人才能更加神采奕奕。愿意花钱为自己投资，让自己不断学习新的东西，不断进步，就会越来越有魅力。

我现在越来越觉得一个女人上了年纪，身上留下了岁月的痕迹，灵魂才更有厚度。杨澜曾在一次新书发布会上特别提到了女排教练郎平，她说："你们有没有发现，女排的姑娘都特别美？她们基本都在 20 到 24 岁，但我特别注意到郎平，我和她认识二十多年，她步入中年后，变得越来越美了。所以，女生的相貌不是 20 多岁定的，只要你的内心变得充实美好，你的外貌就会发生变化，那么你会越来越有气质。"

　　所以，女人不要害怕自己变老，有时候年纪越大反而越性感。女人就像红酒，岁月侵蚀了她的容貌却能沉淀出味道，抚平了她的棱角却能展现出魅力。女人身上的高级感，就如同经过百年窖藏的好酒，越久越醇，使人回味无穷。

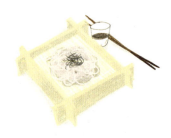

Chapter 2

好看的皮囊千篇一律，
高级的灵魂万里挑一

01
见识广博的女人自带高级感

著名女作家苏芩曾经说过："女人就得多见世面。旅行、读书，但凡能让内心更丰富的事情，即便强迫自己也要多去尝试。人的狭隘、纠结、怯弱，全都是因为世面见得太少。岁月会把你变成妇女，经历却让你成为富女。"

决定一个女人是否自带高级感的，从来就不是从头到脚的奢侈品，而是见识。哪怕前方是无底深渊，也绝不退缩，这就是见过世面的样子。电影《一代宗师》里这样说："见天地，见众生，最终是为了去见自己。"

"二战"时期苏联最著名的女狙击手帕夫柳琴科，24 岁时加入红军。尽管招兵处的人多次建议她做一名战地护士，还对她说："子弹可不会管你是不是女人。"但她坚信，自己一定会成为一名合格的战士。最后，她去第 25 步兵师做了一名步枪射手。

十个月内，她击毙了 309 名德军士兵，包括 36 名敌方狙击手。但在之后的一次战斗中，她被迫击炮所伤，被接回后方养伤。

伤好之后她又被派往美洲访问。一场演讲中，她说了一句令所有男人汗颜的话："先生们，我今年 25 岁，已经在前线消灭了 309 个法西斯，你们不觉得躲在我身后的时间太长了吗？"

见识对女人来说永远比外貌更重要，它在任何时候都能成为你出奇制胜的武器。

经常听到有人抱怨社会的虚假、险恶与丑陋，抱怨生活总是一地鸡毛。其实更多时候不是因为社会不友善，生活不美好，而是他们见识不够，高度不够。记住，只有见识了广阔的天地，才不会一直局限在自己的圈子里。

在书上看到过这样一句话："要么读书，要么旅行，身体和心灵总要有一个在路上。"古人也说过："腹有诗书气自华。"

女人一定要多出去看看大千世界，或者多读书，这样才能增长自己的见识。

　　杨绛先生从小就爱读书，父亲曾经问一星期不让她看书会怎样，她说一星期都白活了。读书是她的乐趣，同时也为她以后的创作之路奠定了坚实的基础。她曾因自己创作的喜剧《弄真成假》《游戏人间》受到过大剧作家夏衍的高度赞扬。

　　杨绛先生从未止步于现状，一直不断学习，在接到《堂·吉诃德》的翻译工作时，48岁的她自学了两年的西班牙语。所以她的译文总是从容顺畅，浑然天成。

　　见识广博的女人必定是博览群书，内心丰富的，于是她们比其他人更有见识。她们不一定有好看的外表，但总是无法被一眼看透，有一种莫名的高级感。

　　朋友向我推荐了雪莉·桑德伯格的自传《向前一步》，读完后我对这位商界奇女子产生了浓厚的好奇心。2001年，她加入谷歌公司，那时的谷歌是一个成立仅三年的小公司，而且当时正值互联网公司的低谷时期，大部分科技公司都在裁员，但是桑德伯格就是看准了互联网行业的前景。

　　后来互联网时代终于到来，时间证明了桑德伯格选择的正确。谷歌成为世界上最大的搜索引擎，她开发的广告业务，也为公司的收入做出了一大半的贡献。2008年，她加入Facebook（脸书）担任首席运营官，利用以前工作中学到的谈判技巧，为自己争取到了和男性一样的工资待遇。对此，她这样说："社会财富从来不是被分配的，而是需要人们去主动获取。"

桑德伯格这一路走来，我们可以看到她的从容淡定，因为她有足够的经验支撑自己走下去。她的见多识广并不是与生俱来的，而是在一次次的工作中得到的历练。她的自传《向前一步》值得所有女性阅读并学习。

主持人汪涵说过："一定要让自己的内心丰富起来，你才可以跟这个世界对视，然后你可以跟这个世界说再见，而不是被这个世界抛弃。"

所以女人一定要多思考，多出去历练，让自己的见识成为自己最大的底气。见多识广之后你就知道什么是"人外有人，天外有天"，你就知道该如何弥补自身的缺陷。当真正领略了山河的壮丽，真正认识到了生活中的美好与苦难，你就会知道如何让自己活得更好。

一生很长，世界很大，一定要多出去见见世面，让自己的人生更加绚丽多彩！

02

若有诗书藏于心，
岁月从不败美人

　　三毛说过："读书多了，容颜自然改变。许多时候，自己可能以为许多看过的书籍都成了过眼云烟，不复记忆，其实它们仍是潜在的。在气质里，在谈吐上，在胸襟的无涯，当然也可能显露在生活和文字里。"

　　在我看来，叶嘉莹先生就是赢过时间的女人。不管岁月给予过她什么苦难，都没能抹去她身上的气质，反而使先生活得更有高级感。

　　叶嘉莹先生是一个活在诗歌世界里的人，她专心研究诗词文化，耐心教导学生如何学好诗词文化。在她身上真正体现了一个女人的美丽和优雅。我在网上看到过叶嘉莹先生讲课的样子，除了她热爱诗词的态度，还被她讲课时优雅的体态和她那过人的才气所吸引。虽然叶嘉莹先生容颜已老，但是我觉得她特别美。

她的课一直很受欢迎，在大学教书时连中午都排满了课。有的人不吃饭都要去听她的课，还有的人到隔壁教室抬着桌子、椅子来听课，更有很多人挤在窗外听课。

叶嘉莹先生的一生都奉献给了文化研究，她是与诗词融为一体的女人。她这样说自己："我的人生不幸，一生命运多舛，但从诗词里，我就能得到慰藉和力量；有了诗词，便有了一切。"饱读诗书的女人总是特别吸引人，这大概就是人们常说的"若有诗书藏于心，岁月从不败美人"吧。

作家黎宛冰在《体面与颜值》一书中写过这样一句话："时间是对美人最大的残酷，但也是对美最大的公正。"林青霞至今仍然是我心中唯一的东方不败，一晃这么多年过去了，岁月偷走了她的青春，曾经风华绝代的林青霞的脸上也慢慢地爬上了皱纹，但是与其他人不同的是，她从不害怕承认自己老了。

在 2015 年《我是偶像》的舞台上看到她时，我还是被她清澈坚定的目光所深深地折服，她坐在那里沉默不语，美得就像一幅画一样。她息影之后开始写作，并于 2011 年出版了第一部作品《窗里窗外》，也以此纪念自己的第一部影视作品《窗外》。2014 年，她的第二本书《云去云来》顺利出版，在自序里她提到这是送给自己人生的礼物。

她曾这样描述自己："我一直希望什么事情我都能做到最好，但什么是最好呢？曾经有一段时间我很挣扎，很矛盾，后来明白了没有事情是完美的，也没有人生真正圆满无缺，能做多少是多少，但求尽力……我只是一个永远不甘心停在老地方的人。"

林青霞是世间的奇女子，归于平凡的生活之后没有让自己停留在老地方，而是开始了写作生涯，而最适合她的评价还是"若有诗书藏于心，岁月从不败美人"。

读书可以让我们的行为举止更加优雅，精神世界和内心世界更加丰富，而且书读多了身上会有一种独特的气质。

一个内心被知识填满的女人是会越活越年轻的，她身上会有自己独特的气质。而有气质的女人会自带磁场，有时不需要性感的衣服、精致的妆容，也一样可以吸引人。张爱玲曾经说过："女人如花，如花的女人应该保持如花的容颜、如花的才情、如花的品质。因为当岁月流逝，容颜老去，伴随一生的只剩下内在的素养和气质。"真正经久不衰的气质源于你内心的才情、渊博的知识、美好的品质……

徐志摩的第二任妻子陆小曼，是个天生的美人胚子，就连徐志摩的前妻也不得不承认这一点。除了令人惊艳的容貌外，她的才情更深入人心。

16 岁她就精通英语和法语，文章也写得很好。陆小曼还有过三年的外交经历，18 岁时已经闻名于北京社交界。她会弹钢琴，能唱歌，会演戏，尤其在绘画方面造诣颇深。她曾经跟着刘海粟学习绘画，悟性很高。刘海粟评价她："美艳绝伦，光彩照人。"

徐志摩飞机失事后，她一改过去的懒散，跟着贺天健学习山水画，跟着陈半丁学习画花画鸟。举办过个人画展，展品达一百多件，而且受到了很多好评。郁达夫赞美她："小曼是一位震动 20 世纪 20 年代中国文艺界的普罗米修斯。"

我忽然想起了一首歌《当你老了》："多少人曾爱你青春欢畅的时辰，爱慕你的美丽，假意或真心。只有一个人还爱你虔诚的灵魂，爱你苍老的脸上的皱纹。"

愿每个女人都将诗书藏于心中，愿每个女人都被岁月温柔以待。

精致的女人，
重视生活的仪式感

　　前几天跟几个朋友出去逛街的时候聊到了现在的生活，其中一个朋友抱怨自己的老公不够浪漫，从前追她的时候总是特别积极，每天洗好水果提醒她吃；接送她上下班；天气凉了就发短信让她加衣服，比天气预报还要贴心；大小节日都送礼物，就差清明节也送了。现在却连结婚纪念日都要拐弯抹角地提醒，他才会准备礼物。

　　另一个朋友听了之后说："我和我老公还是很甜蜜，不只是节日时送礼物，平时也会互相给对方准备惊喜。"

我们对此都很好奇，赶紧追问她是怎么做到的。

她说自己本身就比较注重仪式感，从谈恋爱的时候开始，每次收到男朋友送的礼物，都会精心准备回礼。出去旅游之前她会精心策划路线，途中会写手账记录，拍下来的照片不只保存电子版，还会挑比较有代表性的打印出来做成相册。旅行结束他们会反思这次旅行有什么值得改进的地方。

结婚之后，虽然她不会做饭但还是坚持下厨，一份简单的早饭也要精心摆盘。她说两个人一起吃早饭是很重要的事情，而且老公每次都会鼓励她，说她做得很好吃。在别人看来这些可能都是不值一提的小事，但是幸福的生活往往就是靠这一点一点的仪式感堆积起来的。

为什么有的女人不知不觉被生活熬成了黄脸婆，有的女人却活成了人人羡慕的小公主？这看似微不足道的仪式感，其实蕴含着你想象不到的巨大能量。

我有个朋友是一家杂志社的主编，她活得特别精致，每次出门前都要精心打扮一番。有一天下班的时候她本来应该去参加一个活动，但是没有收到邀请函，找助理确认的时候发现是助理忘记了。她和助理关系很好，助理半道歉半开玩笑地说："都怪我，是我大意了。你现在赶快去吧，反正你连衣服都不用回去换。"

一个女人只有随时盛装，别人才会随时邀请你去参加盛会。

青年女作家李思圆说过："生活中那些无趣和委屈，那些一潭死水、灰头土脸、见不到阳光的日子，其实是因为缺少了仪式感。"

三毛最开始去撒哈拉沙漠时住在一个什么家具都没有的大洞里。衣服只能装在箱子里，鞋子和零碎的生活用品装在大纸盒里，写字的时候只能拿一块板垫在膝盖上写。

不过三毛并没有因此放弃对生活的热情，有一次她做了粉丝汤，荷西问她做的是什么。三毛说："这个啊，叫作'雨'。这是春天里的第一场雨，下在高山上，被一根一根冻住了。山胞扎好了背到山下来一束一束卖了换米酒喝，不容易买到喔！"

荷西听完之后只是呆呆地看着她，虽然没有相信，但是后来总是跟三毛闹着要"春雨"吃。在三毛的眼里，生活处处都充满惊喜，仪式感无处不在。

仪式感总是会让你在琐碎的生活里找到一丝诗意，找到可以继续前行的勇气。很多时候你对生活的态度也决定了生活对你的态度，仪式感让生活得以成为生活。

看完综艺《女人有话说》后，我才明白为什么刘嘉玲身上总有一种独特的高级感。

她在节目中表示自己对仪式感有一份执念，尤其是对中国的传统节日，过节的仪式感一定要有。她说老公给她写的卡片她都保留着，她觉得那是一种更有温度的生活方式。谈到感情的维持，她说仪式感在感情中也很重要，而且仪式感应该让人觉得甜蜜，而不是一种累赘。情人节就一定要收到对方送的花，其他的可以没有，但是一定要有花，因为这是一种情感的表达。

电影《小王子》有这样一个场景，狐狸在跟小王子见面的时候说了这样一段话："如果你说你下午四点钟来，从三点钟开始，我就感觉很快乐；时间越临近，我就越感到快乐。到了四点钟的时候，我就会坐立不安，我发现了幸福的价值。但是如果你随便什么时候来，我就不知道在什么时候准备好迎接你的心情了，要有一定的仪式。"

小王子问道："什么是仪式？"

狐狸回答："它就是使某一天与其他日子不同，使某一时刻与其他时刻不同。"

　　偶尔你也应该放慢自己的脚步，让生活多一点仪式感，来一场精心策划的旅行，买一束漂亮的鲜花或一条倾心已久的裙子……让这一刻、这一天，都与其他时刻、其他日子不同。愿你做一个有仪式感的女人，即使到了80岁，还能拥有少女般的幸福。

04

学做几道私房菜，
在人间烟火里修炼一颗高级心

"这是我老婆，上得厅堂，下得厨房。"

"这是我女朋友，上得厅堂，下不得厨房。"

上次跟男朋友出去见他朋友，发生了这一幕。那个下不得厨房的就是我，我不会做饭，每做一次饭就像灾难现场。而他另一个朋友，前不久结的婚，老婆温柔贤惠，做饭也特别好吃。其实我挺羡慕的，我出来工作这么多年一直是以外卖为生，直到跟男朋友在一起生活之后才开始吃到一些健康的家常食物。但是每次他做饭我只能帮忙洗菜，我心里也很愧疚，因为我也向往那种两个人开开心心一起在厨房做饭的生活。

自从见了他朋友的老婆，我就更想学几道拿手的菜，这样以后我就也是"上得厅堂，下得厨房"的女朋友了。我虽然不希望女人被厨房过度束缚，就像奶奶那一代人，爷爷从来没下过厨，连一棵菜都没洗过。但是也不提倡家里没有一丝烟火气，总是叫外卖或者在外面吃速食，这样太不健康。

我开始出来工作的那几年，晚上下班晚，到家饿得不行了就煮方便面。但是有时会一边吃一边流泪，觉得自己的生活太过凄惨。

最近几年流行气质美女，尤其是那种看起来不食人间烟火的女孩最受欢迎。但是大多数人只会选择跟她们谈恋爱，而不是结婚。以前看过一部电视剧《青春期撞上更年期》，剧中白晓欧的长相和学识都略胜贺飞儿一筹，但是她不会做饭，甚至连洗碗都不会，最后输给了贺飞儿。

一个女人可以做出色香味俱全的佳肴，也是令人赞叹的一种能力，有几道拿手的私房菜会大大增添你的魅力。

读过林文月教授的很多书，很喜欢她的文字，读完之后内心总是能恢复平静。最喜欢她的那本《饮膳札记》，读过之后才知道原来林文月教授不但文笔优美，在厨艺方面也是高手。在这本书里，共记载了她所做过的包括潮州鱼翅、佛跳墙、炒米粉在内的十九道菜。

25 岁之前，林文月连锅铲都没碰过，家中有女佣烧菜做饭。25 岁嫁人之后，她为了丈夫下班回家能吃到热乎的饭菜，开始学着做饭。最开始她连最简单的烧水都会把自己熏得泪流满面。她从来没有正式学习过烹饪，一般都是道听途说或者跟别人交换心得，然后慢慢自我摸索，从琢磨中得到经验与乐趣。

她做菜的时候也拿出做学问的态度，随时记卡片。她把做菜当成一件幸福的事情，从不抱怨。而且书中每道菜的做法都很细致，在记录这些菜的时候还会穿插一些她的独家记忆，这样每道菜就又增添了一些特别的味道。

林文月是一个散文家、翻译家、教授，但是她并没有不食人间烟火。做好工作的同时她又是一个贤妻良母，各方面都游刃有余，对文学有多热爱，对生活就有同样的热爱。

林文月在书的后记中写道："生活的美好，也可以是在清扫房屋、安排家居，或者饮膳烹调方面。"

韩国明星李孝利在结婚之后淡出了娱乐圈，清空了博客，注销了社交账号，和老公搬去了济州岛。所有人都吃惊不已，作为一代性感女神，她居然退出了娱乐圈。她卸掉了妆容，穿上了粗布麻衣，过着普通人的生活。养了几只宠物，学着打理菜地，会自己动手摘果子做果酱，也会亲自下厨做菜款待朋友们。她活出了很多女人羡慕但又不敢尝试的样子。

真正精致高级的女人，从不会介意厨房里的烟火气，也不会害怕做饭弄脏双手。当做饭是出于心甘情愿，一切都会变得简单快乐。

前几年看过一个综艺节目《美女私房菜》。主持人沈星面对油烟很大的灶台，不仅穿着时尚，而且做饭时尽显女人的优雅，说话的工夫就做出了两道菜。而且每次做完菜，她都会及时将厨房清理干净。有网友说自己也要学习沈星这种优雅的做菜方式，做一个在厨房也充满魅力的女人。其实有时候做一个漂亮的女人就是这么简单。

学会做几道私房菜，不一定要多好看多特别。只需偶尔在厨房增添一点烟火气，便能更真切地体会到自己的生活。有句俗话说："要想抓住男人的心，首先要抓住男人的胃。"所以从现在开始，学几道私房菜吧，这会让你的生活越来越幸福。

05

一个有情调的家，
可以瞬间显示出一个女人的品位

　　发小儿前段时间买了新房子，终于从她几十平方米的出租屋里搬出去了，趁周末休息，我特意过去参观。虽然只有一室一厅，但是她把家里布置得特别温馨。阳台上种了很多绿植，嫩绿的枝叶给房间增添了很多生机。沙发上摆放着很多可爱的小玩偶，客厅的墙壁上挂着一幅她自己画的油画，虽然很简单，但是跟整个家搭配起来显得特别好看。

　　卧室里有一个书架，上面摆满了书，书架旁边摆放的不是桌子，而是一张榻榻米。发小儿在上面看书总有一种在图书馆的感觉，特别舒服。

想起以前她租房子的时候也是这样，虽然房间很小，开门就是床，但是她总能把它布置得简洁舒适，甚至一个无纺布衣柜在她家里都显得格外高级。有这样一句话："房子是租来的，但是生活不是。"

以前有个关系不错的同事，每次出门都把自己打扮得特别漂亮，下楼扔个垃圾都不愿意素颜示人，她说化妆出门是对别人的一种礼貌。我特别佩服她的这种态度，直到有一次我去她家，才彻底改变了对她的看法。

她在高档小区买的三室两厅两卫的房子，但那么大的房子被东西塞得满满当当，床上、沙发上堆的全是衣服、包包；地上到处是快递纸箱，拆开的塑料袋也是随手一丢。身处其中，感觉都喘不过气来。

《奢侈贫穷》一书中，女主人公森茉莉年轻时经历过两次婚变，到了晚年一贫如洗，从名门千金变为廉价公寓的租客。但是她认真地改造自己那间简陋的屋子，尽管收入微薄，她还是要匀出一点钱来布置房间，买褪了色的地毯和装饰品。虽然经常被周围的邻居嘲笑，但是她将房间布置得越温馨，就越同情那些嘲讽她的人。

　　书中有这样几句话，读完更能让我体会到生活的乐趣：
"她房里的鲜花和玻璃壶，尤其是那只饰有紫罗兰浮纹的白色
陶瓷花瓶，随着光影的变幻而隐隐泛着温润的光。""台灯虽
是用便宜货制成的，但整体呈现出意大利美术馆里展示的铜
版画的色泽。"

　　总是有很多人找借口，说房子是租来的，没必要收拾得
那么整洁，但是真正到了自己有房子的时候却早已经习惯了
凌乱的生活空间。一个家的状态，也会反映出主人的生活态
度，没时间、没精力，都不过是你懒散的借口。

　　作家三毛曾经住在全沙漠最美丽的家里，她在书里这样
写道："用旧的汽车外胎，我拾回来清洁，平放在席子上，里
面填上一个红布坐垫，像一个鸟巢，谁来了都抢着坐。深绿
色的大水瓶，我抱回家来，上面插上一丛怒放的野地荆棘，
那感觉有一种强烈痛苦的诗意。不同的汽水瓶，我买下小罐
的油漆给它们厚厚地涂上印第安人似的图案和色彩。骆驼的
头骨早已放在书架上，我又逼着荷西用铁皮和玻璃做了一盏
风灯。快腐烂的羊皮，拾回来学沙哈威人先用盐，再涂明矾
硝出来，又是一张坐垫。"

　　读着三毛的文字，仿佛真的置身在她的家里，置身在整

个撒哈拉沙漠最独特的风景里。其实房子本身并不是风景，而是居住者的用心装扮，使自己的房子变为最独一无二、别有韵味的风景。

我喜欢林徽因，并不是单纯因为她的美貌和才华，还因为她认真生活的态度。林徽因和梁思成在战乱来袭时搬到了昆明，当时林徽因生病了，但是她并没有因为身体不适而影响精气神。她亲手参与设计并建造了自己的小家，在给美国友人写信时说道："我们正在一个新建的农舍中安下家来……邻接一条长堤，堤上长满如古画中那种高大笔直的松树。"字里行间无不透露出她的喜悦之情。

一个有情调的家，可以瞬间显示出一个女人的高级感。可能你想问什么样的家才算有情调，其实很简单，就是认真对待家里的一切，大到每一个家具，小到每一个摆件。

生活的小情趣，
让你把苟且的日子过成诗

"从明天起，做一个幸福的人，喂马，劈柴，周游世界。从明天起，关心粮食和蔬菜，我有一所房子，面朝大海，春暖花开。"相信这是每个人都向往的如诗一般的生活，但是在当今这个快节奏的时代，人们早已忘记停下脚步。尤其是女人，不但要为工作奔波，还要徘徊在柴米油盐的生活中，可能就是在这疲惫的生活中慢慢迷失了自己。

生活中的小情趣能让你把苟且的日子过成诗。不要总是把没时间当成你"粗线条"的借口，怎么生活完全取决于你自己的态度。

前 CNN（美国有线电视新闻网）的记者 Mimi Thorisson，养了七个孩子、二十条狗，跟摄影师丈夫生活在法国南部，过着童话一般的生活。

她在一篇博客里写道："我们全家已经在梅多克生活十八个月了，我们确实花了些时间来适应这里的日子。远离城市有点像是戒除某种瘾。梅多克的人们的生活非常平静，谁都不会很匆忙。这里午餐后会休息很久，人们见面聊的是在森林里发现的蘑菇，或是鹅都飞去了哪里……孩子们有机会生活在风景这么美的地方真的太好了，而且，对狗狗们来说，这里就是天堂。"

生活在乡下，烹饪占了 Mimi 生活中很大的比重。于是她把和家人的日常生活以及烹饪的图片、方法，用博客记录了下来，并出了一本书《法国厨房》。

她在接受采访的时候说："我最喜欢给家人和朋友做菜。小的时候，夏天我最爱的是香醋拌洋蓟，冬天离不开香草栗蓉。我曾经拜访过法国最棒的一百位厨师，他们共同的一个建议就是，只用最好的食材。我觉得美食是一种生活方式，每个人都深爱着食物。它是文化的一部分。做菜时，我会让孩子们给蔬菜去皮，这样他们也能参与进来。"

乡下的生活很劳累，但是 Mimi 说她从未有过疲劳感和厌倦感，因为这就是生活。他们的生活总是很精致，最寻常不过的事物在他们眼中都很别致。

生活中，真正能让我们感受到幸福的，就是生活中的小细节。可以是路边的野花，可以是蓝天白云，或者就是一本书、一首歌、一部电影。只要你肯静下心来，平淡的日子就是充满诗意的。

海德格尔这样说过："人安静地生活，哪怕是静静地听着风声，亦能感受到诗意的生活。"清晨起床，推开窗子，让阳光照射进来，捧一本书坐在阳台上。这份温暖，尽是诗意。

中国舞蹈艺术家杨丽萍曾说过："有些人的生命是为了传宗接代，有些是享受，有些是体验，有些是旁观。我是生命的旁观者，我来到世上，就是看一棵树怎么生长，河水怎么流，白云怎么飘，甘露怎么凝结。"

曾经看过鲁豫采访杨丽萍，她的家可以说是面朝大海，春暖花开。走进房间里又是另一番天地了，原木的家具、复古的茶几，总之就是很浓郁的云南韵味。就连见过无数大风大浪的鲁豫，见到这样的小院也表示心灵被俘获了，自己也想拥有这样的生活。

高晓松写过这样一首歌："生活不止眼前的苟且，还有诗和远方的田野。你赤手空拳来到人世间，为找到那片海不顾一切。"但是他又说，其实诗和远方，最终指的是你的内心。我们总是为了工作、为了生活苟且过活，但是你有没有想过，既然都是活着，为什么不把柴米油盐活成诗和远方呢？

楼下的王阿姨已是满头银丝。前几天看见她穿着一条黑白相间的连衣裙，外面一件淡蓝色的长款防晒服，背着一个白色碎花帆布包，正抬头挺胸地走向菜市场。我的目光顿时就被阿姨吸引了，这哪是 73 岁的人啊，分明是 37 岁！

王阿姨从来都是这么精致，尽管叔叔早就不在了，但是她从来不委屈自己。她喜欢养花，喜欢画画，我看过她的画，精彩无比。闲来无事王阿姨还会叫上三五好友去家里欣赏自己的作品。我想这大概就是她的诗和远方吧。

来到这世上走一遭不容易，所以我们要用心生活，就像电影《小王子》中的台词所说的这样："我们只有用心才能看清楚，用眼睛是看不到本质的东西的。"

想要一直活在苟且中可以有一百个借口，但是想要生活从此乐趣横生也能找到一千种理由。生活不能将就，每错过一次随风起舞的机会，都是对生命的一种辜负。热爱生活，喜欢自己，做一个精致的女人，你的生活将永远充满诗情画意。

愿你历尽千帆，
归来仍有一颗少女心

曾在网上看到这样一组极其特别的"少女写真"，两位白发苍苍的老太太头戴花环，身穿蓝色和粉色蓬蓬裙，双手捧着脸颊，在镜头前笑得纯真而美好。

这是巴西一对双胞胎姐妹，为了纪念100岁生日拍下的照片。很多人都说，这是近些年最让他们感动的照片，那可爱的画风让所有人的心中都涌起一股暖流。

是啊，永远保持一颗少女心，才是女人的"不老神药"。即使到了老年，也要打扮得漂漂亮亮，精精神神，努力给生活涂上活泼、跳跃的色彩，让青春永驻人间。

很喜欢一部叫《你好，我叫多蕾丝》的电影，女主角多蕾丝年过 60，心里却像住着一位少女。她喜欢色彩明艳的头饰和服装，喜欢到处走走看看，而不像其他老太太一样穿着死板，终日待在家里或躺在病床上。更重要的是，她始终向往一份炙热的爱情。

多蕾丝喜欢上了一位比她小 34 岁的男人，名叫"约翰"。少女心爆棚的她偷偷拿走了约翰背包外的铅笔作为纪念。她还将自己打扮成 20 岁女孩的模样，努力融入年轻人的生活。她给约翰买他喜欢的 CD，陪他去乐队玩耍，之后更勇敢地向他表白。

虽然多蕾丝最后遭到约翰的拒绝，但她从未对这一切感到后悔。电影最后的画面定格在多蕾丝灿烂的笑容上，她眼中散发着一种特殊的光芒，是如此迷人。对多蕾丝这样的"老少女"来说，年龄从来不是问题，她们永远活得活力四射。

可在很多人眼里，老了还少女心爆棚的女人很矫情。老了，就该做老人该做的事情，远离高跟鞋，与拐棍为伴；穿得精致粉嫩是"怪模怪样"，追求爱情更是"大逆不道"。还有人说，少女心既肤浅又无聊，一个成熟的女人就该端庄点，四平八稳。

可在我看来，女人没必要用年龄为自己设定那么多条条框框，少女心不是小姑娘们的特权。我们为什么要因为世俗的目光丢掉当初那个心肠柔软、青春萌动的自己呢？

记得 2017 年，朋友圈被一条消息刷屏："联合国公布，1992 年出生的人已正式步入中年。"那些 90 后的同龄人老气横秋地表示："看来我已经是'老阿姨'了，不配拥有少女心了，还没过够青春岁月，就直接迈入了油腻、秃头的中年生活。"

可失去了少女心，便失去了做梦的权利。好像我们只能将全部心思放在眼前苟且的生活上，为老公、孩子、忙不完的家务活奉献出一切。不，不是的，你永远可以渴望那位"身骑白马的王子"的到来，永远可以幻想诗与远方。你要用一颗鲜活的少女心去抵御尘世的纷纷扰扰，避免被同化，避免庸俗在头脑中恣意生长。你要做享受生活、主宰命运的女王。

朋友芮兰年近四十，喜欢穿优雅的长裙，也喜欢穿背带裤。不熟悉她的人会在背后吐槽她"装嫩"，可接触久了以后，无不被她那颗少女心所感动。

好友们曾一起相约去国外旅行，在游轮上，只有英兰敢于加入舞蹈的人群，伴着音乐恣意摇摆，快乐得像个小女生。她和不同国家的人交谈，落落大方，充满自信。对不熟悉的事物，她始终满怀好奇心，还习惯用包容的目光去看待与自己不一样的人或事。

日常生活中，英兰有了闲暇时光便骑着自行车绕着城市闲逛。她最喜欢钻进某个街边的小店，淘一些精致的小饰品和一些别致的家居用品，将单身生活过得分外"活色生香"。她曾对我说，她最崇拜的人是一位日本老太太——Tomi。

查阅资料后发现，Tomi 与英兰的生活态度是几乎一样的。Tomi 60 多岁，却从未与时代脱节。她精通互联网，尤其喜欢在网上晒各种美食。她养了三只"喵星人"，每天都孜孜不倦地在网上与网友分享自己充满趣味的养猫生活。

Tomi 很喜欢打扮，最爱红色系的衣服，喜欢和别人分享自己的穿搭心得。她说，打扮得很美，心情也会变得很好。而最令人感动的是，Tomi 还是日本摇滚乐队 GLAY 的骨灰级粉丝。她和乐迷组成后援团，每逢 GLAY 去各大城市演出，她都会特意赶去支持。见她一大把年纪还追星，一些人笑她

"为老不尊"，Tomi 却对这些言论毫不在意。

有人还没到 30 岁，便抱怨自己已经老了，从此甘愿沉沦在平庸乏味的生活里；有人活到 60 岁，还在"叫嚣"自己的人生刚刚开始。后者永远保有一颗少女心。

少女心不是公主病和玻璃心，不是自称为"宝宝"，捏着嗓子学孩童说话。它更像一颗赤子之心，简单、纯粹，未经世俗侵染。保持少女心的秘诀也不是往脸上打很多玻尿酸，营造出一块虚假的"苹果肌"，它需要你常怀一颗好奇心，好奇花开的声音，好奇种子落地生根的过程。如此这般，无论历经多少磨难，世界在你眼里永远都璀璨瑰丽。

真正拥有少女心的女人无不乐观开朗、积极向上。面对生活中的"恶龙"，没有骑士的帮助，她们也能勇敢地站在前线，凭借自己的力量去战斗。

愿你历尽千帆，仍然能够用美好纯净的目光看待世界。哪怕白发苍苍，也不愿意放弃对生活的热爱，内心深处始终保留着孩子一样的善良与柔软。

懂得把时间
浪费在美好的事情上

美学派传承者黑玛亚有一次和朋友一起吃饭，她小心翼翼地从鱼身上剔出一根刺之后说，这根刺长得真美，晶莹剔透。黑玛亚还是《亲爱的，你要更美好》的作者，在我看来，她就是最美好的人。因为她永远对身边美好的事物保持敏感，对一根鱼刺都毫不吝惜自己的赞美。

前段时间看了吴晓波的《把生命浪费在美好的事物上》，特别喜欢里面的这句话："原来生命从头到尾都是一场浪费，你需要判断的仅仅在于，这次浪费是否是'美好'的。"

我有一个同事，想去学习插花却一直犹豫不决，她怕这项爱好会浪费自己的时间。我知道了以后就劝她，既然你喜欢，不妨去勇敢尝试。把时间浪费在你认为美好的事物上根本不算是一种浪费，反而是一种享受。

　　她每天下了班就去上课，到了午饭时间就会喋喋不休地跟我说昨天她又学到了什么东西，开心得像个孩子一样。她说幸好去学习了，不然以后肯定会后悔。现在我家里的花都是她的作品，很好看，每次看见花就好像看见了她的笑脸。

　　过几天她就要结婚了，对象是她的插花老师，她说她会感谢我一辈子。但是我并不觉得我做了什么，是因为她在学习插花的时候就是最美的女人。爱尔兰诗人叶芝曾说过："认真的女人最美丽。认真工作的女人专注于自己的事情，微微低头，手里握着一支笔，额头不时会紧蹙一下，待到疑惑解除后又面露喜色，外人会跟随她的一举一动时而紧张、时而放松，心早就被她迷人的风采深深吸引了。"

　　你们肯定也注意过，当一个女人认真做事的样子是特别美丽的，连眼神都会散发出不同以往的光芒。

　　何况人生就只有一次机会，没有彩排，不能重来，对于喜欢的事物一定要抓住机会。女人更应该这样。总是有很多人抱怨自己一边要照顾家庭，一边要兼顾工作，没有多余的时间可以浪费。但是人生就只有这么短短的几十年，难道你真的要一直为别人而活吗？

前媒体人，现服装设计师、作家宁远写过一本《把时间浪费在美好的事物上》，书中她这样说自己："常常累得不行了，回到家还是舍不得休息。读书，做手工，种花，给家人做一顿可口的饭菜，这些在别人看来可有可无的事情对我却异常重要。有朋友问，'你怎么那么好的精力啊，工作已经很累了，还做这么多别的事。'他们不知道，人做着自己喜欢的事，成为自己想成为的样子是不会感觉到累的。就像没有一个沉迷于电脑游戏中的人会觉得打游戏累。"

她曾经是"金话筒奖"的获得者，被称为"最美女主播"，但是她并没有因为这些迷失自己，内心的声音引导着她辞掉了工作，追求自己向往的生活。如今她拥有自己的服装品牌，带着两个孩子，闲暇时做做手工，尽情享受着慢时光，把所有的时间都浪费在了美好的事情上。

她在书里写自己爱上手工的原因："2009 年我怀孕了，在那段长长的时间里，手工占据了我大部分的生活，那时候我喜欢上了拼布，找来各种碎布头，把它们缝成我想要的样子，常常缝着缝着，一抬头，天就暗下来了。从那时起，我的生活就和手工有了亲密的关系，一直到现在，就像渴了要喝水，饿了要吃饭。"

生活的美好其实有时候就是这么简单，不要怕浪费时间，和自己喜欢的一切在一起，你可以尽情地挥霍。

把自己的一生都献给陶艺事业的 Lucie Rie，在她 20 岁那年去蹭陶艺课，从此整个灵魂都在陶艺上。她把所有时间都用来跟这些瓶瓶罐罐较劲，同学聚会她躲在工艺室里，朋友组织春游她也用各种借口拒绝。

活着最大的好处就是可以做任何自己想做的事情，过任何自己想过的生活。生活中最美好的事物就是自己喜欢的事物，即使要浪费时光，也应该浪费在你认为最美好的事物上。

以前看过一部电影《海上钢琴师》，大家都无法理解一名叫"1900"的钢琴师，他从出生开始就一直待在海上，从来没有离开过那艘大船。但是现在我能理解他了，钢琴、大海、船就是他最热爱的东西。他唯一一次离开船也只是走到了岸上的第三级台阶，然后又转身回到船上。有人问他为什么，他说他只是想从陆地上看看大海。

他最终随着船消失在了大海里，但是我知道他从不后悔，因为他的灵魂早就属于这片大海。

　　随着自己的性情生活，随着自己的喜好前进，不要跟着别人凑热闹。做自己想做的事，顺应内心的声音。把时间都浪费在美好的事物上，这样你就会拥有最美好的生活！

Chapter 3

节制和自律，
让女人始终保持高级感

01

在你看不见的地方，
永远有人在默默努力

　　曾看过一个视频，《朗读者》节目制作人、主持人董卿走上舞台领奖，她感慨道："做文化节目没有几个不是背着人掉过眼泪的，但是歌德说过，没有在长夜痛哭过的人不足以言人生。"是啊，在阴暗的地方执着生长的嫩苗，终有一日能开出美丽的花朵。

　　那些活得耀眼的女人，大多经历过一段默默耕耘的"黑暗岁月"。是那些不为人知的坚持与努力最终成就了她们，而背后痛哭的时光也会成为她们人生中宝贵的回忆。

网红中，我最欣赏的是 Papi 酱。那些搞怪视频中，她古灵精怪的模样给我留下了深刻的印象。有人说，Papi 酱能火起来，纯粹是走大运，是被捧起来了。

我并不同意这个看法。没有哪一种成功不需要打磨，不需要呕心沥血的付出与坚持，Papi 酱的成功更是如此。在走入大众视野前，Papi 酱曾一个人在角落里默默耕耘了五六年，才迎来这一刻的光芒绽放。没有之前的积累，何来如今的地位？

早在 2011 年，Papi 酱就开始发布各类搞笑、幽默的图文信息，但关注她的人寥寥无几。她另辟蹊径，以服装搭配为主题发了一些帖子，仍未激起明显的水花。之后，她又开始在一些热门网站发原创段子和动态图片，结果还是不尽如人意。

Papi 酱没有泄气，在其他热门网站做起了原创视频，一开始也很少有人点赞和转载。虽然她基本处于无人问津的状态，但在努力的过程中，Papi 酱的风格不断转变，视频剪辑技术也越来越成熟。我曾观看过她早期制作的一些视频，发现最开始她还很稚嫩，谈不上个人风格。随着时间的流逝，她的进步越来越明显，无论从形式还是内容，都脱离了那种生涩和稚嫩的感觉。

　　到了 2015 年，视频里的她，说起段子来越发游刃有余。我几乎可以断定，Papi 酱绝对下了一番苦心，才能达到表演上的飞速进步。而且，她的剧本编排和视频制作能力也有了显著的提升，鲜明的节奏，独特的风格，牢牢抓住了大众的眼球。

　　于是，到了 2016 年，这个"集才华与美貌于一身"的女子一炮走红。一众网红中，Papi 酱有着一种格格不入的质感与高级感。她搞笑却不浮夸，创意独特新奇，表演丝丝入扣。

　　而她的自律精神更是别的网红无法企及的。罗振宇就对 Papi 酱的坚韧与自律称赞有加，他曾说，Papi 酱的那些三分钟左右的短视频，从编剧、拍摄到剪辑，怎么也得耗费几十个小时，"如此高难度的工作，的确不是一日两日功夫所能练就的"。

　　在你看不见的地方，永远有人在默默努力。每一分出彩的背后，一定有着普通人难以想象的付出与用心。所以，别光顾着羡慕别人的出类拔萃、光芒四射，还要学习他们在别人看不见的地方数年如一日默默耕耘的精神。只有这样，才能在别人看得见的地方收获荣耀与光芒。

生活中，有太多女孩忙着在朋友圈"努力"，稍微用点功就嚷嚷得众人皆知。配文明明是"累瘫在健身房里"，自拍却是妆容精致，额上不见丝毫汗意。

号称"工作到凌晨两三点"，拍下凌乱的书桌与朋友"分享"自己近日艰辛的加班生活，扔下手机后，却立马抱着iPad追起最近正火的连续剧来。

买来一大堆外文原著书籍，拍照发朋友圈昭告天下："三个月内一定要看完这些书。"然后美滋滋地等待一众好友点赞。结果一个月过去了，大部分书都还没被拆掉包装。

真正努力的人哪有时间发朋友圈？她们不愿意被外界的喧嚣所扰，宁愿躲在无人处日复一日地努力、积累，默默提升自己。她们很拼，失败了从不抱怨，哪怕出头之日遥遥无期也从不焦躁，而是低调谦虚地做着自己分内的事，很少有负能量。

刚入职场时，和一个同龄女孩一起租房。她是那时候我见过的最自律的人。她给自己制订了一份十分"变态"的作息表，每天六点起床，运动、晨读；下班后雷打不动地花两三个小时提升业务能力。有时候，为了做出一份漂亮的策划案，她宁愿通宵不眠。

我曾好奇地问她："何必这么拼？你上司又看不见。"她却满脸严肃地说："不拼不行啊，优秀的人太多了。这时候不拼，以后想拼也没资本了。"

　　不出三年，她便将自己修炼成了一个职场女精英。明明同期入职的有很多985、211等高学历人才，最后却是她这个只有普通二本学历的人最先得到晋升。

　　这个世界上真正的天才太少了，一蹴而就更是不可能的事。只有在别人看不见的地方仍旧坚持自律，逼迫自己一步一个脚印地扎实前行，你才能等来属于自己的舞台。

　　你要相信，你为未来所流的每一滴汗水，都会在时光里凝结成熠熠生辉的珍珠，它们装扮着你的梦想，点缀着你每一个平凡的日子，令你的整个人生都大放异彩。

对自己有要求的女人，
从不随波逐流

　　以前看过一部电影《少女小渔》，女孩为了能跟在美国的男朋友一起生活，选择偷渡到了美国，并和一个当地的老头结婚，打算拿到合法的身份后再离婚。

　　男朋友很大男子主义，对小渔的感情只有占有和掌控。而小渔偏偏又是个顺从的女孩，她很听男朋友的话。小渔照顾老头很认真，慢慢得到了老头的尊重，两个人建立了良好的友谊。

　　不过男朋友不能理解这种友谊，命令小渔和老头断绝来往。影片最后，小渔选择继续照顾老头——这个知道尊重她的朋友，放弃了那个只知道命令她的男朋友。

影片中的背景音乐《决定》与影片的主题很相符："其实我根本没有看仔细，对感情一点也没有看清……希望你别再把我紧握在你的手里啊，我多么渴望自由自在地呼吸，你知道这里的天空是如此美丽，就让我自己做些决定。"

现实中有很多小渔这样的女性，为了伴侣，或者为了家庭、孩子选择放弃自己的生活，委曲求全。用别人的要求来要求自己，活到最后完全没有了自己的影子。

我有一个堂妹，找了个帅气有钱的老公，全家都替她感到开心。但是越接触下来我越觉得堂妹并没有多幸福。

上次过年我们一起回老家，一群人到堂妹家看叔叔婶婶。堂妹回到了自己家终于觉得自在一点了，她在客厅坐了一会儿就打算去卧室休息，于是拿起一个苹果边吃边向卧室走去。这时，她老公忽然叫住了她，问她什么时候走。我们都愣住了，才刚回来，别说饭还没吃，堂妹一个苹果都没吃完呢。堂妹轻声问："我吃完这个苹果可以吗？"

堂妹结婚之后变化最大的就是社交圈子，她老公带她结交了很多新朋友，不让她跟以前的朋友来往，还说以前的朋友太穷酸了。

堂妹本来就是个没主见、喜欢随波逐流的人，现在更是完全被老公管得死死的。我真替她感到可悲，怎么就活得没有一点自己的样子。

俗话说，众口难调。但是在生活中，人们总是更善于总结，于是为人处事都有了不少特定的标准。越来越多的人也因此在随波逐流中失去了自我，人云亦云成为生活的常态，不知不觉就活成了别人的样子。

无论环境如何，你都要对自己有一定的要求。对自己有要求的人永远不会生活得太差。

现任外交部翻译司西葡语处处长的张璐，曾是胡锦涛主席、温家宝总理的首席翻译。截至 2018 年 3 月，她连续九年在总理记者会上担任翻译。中英文之间的翻译存在很大的差异，尤其是古诗词，但是张璐总是能用英文很完美地将中国文化的内涵表达出来。

因为喜欢翻译，张璐去了伦敦，一边练习口语一边攻读外教专业，并获得了硕士学位。毕业之后转行做了自己喜欢的外交翻译工作。

她严格要求自己："要想做得比别人更好，就必须比别人更努力。"每天起床都要听外媒的新闻报道，要求自己一字不差地翻译出来。平时还阅读国外杂志，不断提高自己的翻译水平。

之后的张璐像一支离弦的箭，一路冲到了外交部高级翻译的位置。就算她的翻译已经非常精准，她还是不断练习。

永远不要安于现状，要对自己有一定的要求。让自己越变越好的女人，才会被时光温柔相待。

对自己有要求的人从来都不会随波逐流。如今的社会越来越浮躁，很多女人都迷失了自我。面对选择时更愿意听别人的意见，渐渐地就变得没有理想，没有抱负。空有一身皮囊，却没有灵魂。

听到别人讨论名牌包包、手表，就赶紧去买一个回来，生怕自己会落伍；今年流行长款大衣就赶紧买来穿上，却发现自己的身高根本不适合这么长的衣服……

时光飞逝，趁一切都还来得及，做一个自己喜欢的人吧，不要等到幡然醒悟，却早已没有岁月可以回头；做一些自己喜欢的事吧，可能不是所有结果都尽如人意，但是尝试的过程总是美好的，即使遗憾也能让人生变得完整。

03

爱有节制，
若是喜欢何必夸张成爱

翻阅三毛的作品，看到这样一句话："某些人的爱情，只是一种'当时的情绪'。如果对方错将这份情绪当作长远的爱情，是本身的幼稚。"

几年前，有位好朋友问我："我应该和他结婚吗？"

我很诧异："你们的婚期不是一早就定下了吗，怎么现在还在纠结这个问题？"

她犹豫道："也没有纠结啦，就是觉得两个人在一起，总感觉哪儿有点不对劲儿，三观不合，生活习惯也差得挺多，可是我真的挺喜欢他的……"

我严肃地问："那你爱他吗？"

朋友一愣，自言自语："说不清楚……"

很快，她和未婚夫分手了。迄今为止，她还保持着单身的状态。她朋友圈的个性签名也一直没改："不把喜欢夸张成爱。世间最好的爱情，是和对的人在漫长的岁月里相伴到老。"

之前看一篇文章，认识了一个新名词"爱情饥渴症"。按照文章中的描写，发现身边就有不少罹患"爱情饥渴症"的女孩，她们的典型特征是：感情泛滥，毫无节制。

拿下属佳妮来说，明明生活稳定无忧，她却总抱怨自己一个人生活太过孤独寂寞，每次遇到了稍微有点好感的人，她一定会将荷尔蒙的短暂分泌误认为是爱情，然后毫无保留地付出，让自己"爱"得死去活来。结果每一次恋爱，她都会被伤得体无完肤。

佳妮曾喝得酩酊大醉，哭着说："为什么受伤的都是我？"我真的很想告诉她，是因为她实在太不"挑食"了，对待爱情的态度太不严谨了。动不动就能爱上 个人，这是荷尔蒙在作祟，与爱情无关。爱得太泛滥的女人，格调只会一降再降，与高级越来越远。

别把喜欢放大成爱。那一点点心动，不足以支撑你们走到天长地久。爱是如此情真意切的词语，如果你动不动将它宣之于口，那么你的感情连带着你整个人都会变得廉价起来。

面对男人那华丽夸张的爱情宣言，你也要保持警惕，分清他到底是喜欢你还是真的爱你。没有探测清楚对方的感情之前，你要有节制地去爱，不要任由自己一股脑地陷进去。

始终记得美国作家蒙肯的一段话："男人通过吹嘘来表达爱，女人则通过倾听来表达爱；而一旦女人的智力长进到某一程度，她就几乎难以找到一个丈夫，因为她倾听的时候，内心必然有嘲讽的声音响动。"那些充满智慧的女人能一眼识破男人编织的感情陷阱。

有太多的男人习惯将甜蜜的承诺挂在嘴边，可他们所谓的"爱"总会在时光面前暴露原形。拿胡兰成来说，他当然是欣赏乃至喜欢张爱玲的，可他真的爱她吗？未必。

真正爱一个人，哪舍得随意抛弃或玷污她的真心？可当年的张爱玲，还未明白这个道理。"因为相知，所以懂得""岁月静好，现世安稳"……胡兰成的这些情话深深俘获了张爱玲的心，从那以后，后者爱得陶醉又卑微，恨不得将自己整个人、整个灵魂都毫无保留地奉献出去。结果呢？胡兰成见一个爱一个，轻易将当初的承诺抛之脑后……

爱与喜欢究竟有何差别？看《欢乐颂》的时候，被安迪和前后两任男友的感情经历所吸引。安迪是个孤儿，家族有遗传性的精神病病史，内心脆弱敏感。得知这一切后，安迪的前男友奇点为了让她融入一般人的生活，努力带她去各种社交场合。但安迪后来的追求者小包总得知她的身世后，却只说了一句话："原来你是外星人遗落在这个地球上的孩子。"

在我看来，奇点积极改变安迪，他的感情出发点是喜欢，却不是爱。而小包总用力保护着安迪的单纯与脆弱，生怕她受到一丝一毫的伤害，他的感情早已升华成爱。

还有一个情节，曲筱绡认为小包总最适合安迪，因为"他可以让安迪大笑"。而安迪的前男友奇点虽然会在她难过的时候冷静地提出意见，却不能让她真正开心起来。而小包总能陪安迪聊天说心事，努力逗她笑。于是我再次得出判断，前者只是喜欢，后者却是爱。

喜欢和爱的区别还在于，前者只是随口说说，后者却会立即付诸行动。奇点第一次去安迪家，说："我觉得你们家这个装修太冷清了。"

　　小包总第一次去时，也表达过类似的想法："家里的布局太单调了。"可区别是，小包总第二次来的时候亲自搬沙发、换凳子，累得大汗淋漓，将整个客厅重新布置了一遍。如果男人的甜言蜜语始终停留在口头上，那他就一定不是真的爱你。

　　更重要的是，只是喜欢一个人，内心就可能藏私；而真正爱上一个人，却会变得无限慷慨起来。奇点哪怕在和安迪谈恋爱的时候，也很理性，他不愿放弃自己的利益，不愿妥协与让步。小包总却能为了安迪放下尊严，抛弃利益，恨不得时时刻刻守护在她身边。

　　一个朋友曾冷笑着说："女人就是太傻，明明只有三分喜欢，却一定要夸张成十分的爱。无论是对男人还是对自己都是如此。可惜啊，男人都是贱骨头，爱过头了他反而嫌你麻烦。还不如爱得矜持一点，有节制地爱别人，无条件地爱自己。"

　　我反复咀嚼着"有节制地爱别人，无条件地爱自己"这句话，真想拍手叫好。那些独立、大气的女人面对爱情包括整个人生的姿态都是潇洒的。勉强成就的婚姻，她们弃如敝屣；将就得来的爱情，她们嗤之以鼻。她们能分清自己究竟只是一时产生了好感还是遇见了真正的爱情，也能冷静地辨别对方的感情，而这样的女人通常能活得更好更幸福。

04

再小的事，
也会因为坚持而让你受益匪浅

网上有人问："把一件小事坚持下去会得到怎样的结果？"

评论中，有个女孩说她坚持早起，并利用多出来的两个小时运动、看书、听音乐、制订一天的工作计划等。才坚持了半个月，她发现整个生活都从容了起来。

有人说，她每天坚持走一万步，而且十分注重发力的方式，整整三年过去了，她的腿部变得均匀、美丽，体重也减轻了10千克。还有人说，孩子出生后她每天都要写一篇育儿日记，如今已写完厚厚一大本，做母亲的经验越来越丰富……

千万别小瞧坚持的力量，再小的事情，别说坚持十年，哪怕只坚持一个月，也能让你收获很多意想不到的好处。只是，你需要有足够的毅力与恒心，去凝聚自信，积蓄能量，这样才能悄然撼动覆盖在生活上的厚厚的"冰层"，迎来久违的阳光与清新的空气。

我时常想起天涯上那个叫"九九"的漫画家，记得一开始她决定画漫画，是因为她全职在家，生活很无聊。刚开始画的时候，她画风稚嫩，笔法拙劣，明眼人都看得出她没有太多天分。但是，在大家的鼓励下，九九决定将这项爱好坚持下去。

她每周二、四在天涯上发帖，向网友们展示自己最新的成果。虽然只是简单的四格漫画，但她每一幅都认真构图，细致描画，用心上色，大家也对她认真的态度赞赏有加。

从 2007 年到 2017 年，九九整整坚持画了十年。她的笔法越来越娴熟，并从一个全职太太成长为一个出版了好几本漫画集的知名漫画家，很多粉丝都为她的故事而感动。

曾在网上看到一篇文章，标题很吸引人：你和女神只有一墙之隔。作者介绍说，很多女神为了保持好身材，都有一个秘诀：每天贴着墙站上半小时。

我对此很感兴趣，便号召身边的女性朋友一起尝试。结果不出一个礼拜，我便放弃了。一个月内，大家都宣告失败，嘴里还嚷嚷着各种各样的理由。只有一位同事坚持了下来。

中午吃完饭，她会在办公室寻找一个角落，贴墙站上半小时。近一年来，几乎天天如此。结果，同事的气质肉眼可见地好了起来，脖颈修长，身姿挺拔，举手投足间魅力十足。大家一边惊异于她的巨大变化，一边为当初的轻易放弃懊悔不已。

是什么阻碍我们坚持下去的呢？总结自己及身边人的经验，发现如果做一件事情暂时看不见进展，便很容易放弃。有个朋友想做一个写作账号。一开始，她每周五都会更新文章，保质保量。可坚持了一个月后，只吸引来十几个粉丝，点赞量更是少得可怜。

她发起了牢骚，抱怨那些网友只愿意关注娱乐圈的花边新闻，却不愿意沉下心来阅读真正有质量的文章。后来，她账号里的文章水准直线下降；再后来，她干脆抛弃了那个账号。

记得一个前辈曾说过，那些生活中的成功者之所以能将坚持精神发挥到极致，是因为他们早已习惯推迟满足感。而一味追求即时满足感的人，只会再三选择放弃。其实，若是真正值得坚持的事情，即使暂时看不到希望，只要坚定不移地走下去，前路只会越发明朗。

无法坚持下去，还有可能是因为我们太"贪心"。记得上大学的时候，我对什么都很感兴趣。想要学吉他、练习毛笔字，想要成为写作高手、美术达人、阅读专家等。计划安排得满满当当，一开始执行的时候也是充满热情，结果一个月过去了，哪样都没有坚持下去。

后来总结经验，发现我每天都重复着这样的过程：拿起一本书，读着读着就心烦气躁起来，于是找出毛笔字和宣纸，想要练字静静心，结果越写越烦。又拿起吉他，还没弹完一首曲子，便匆匆放下，转而拿起画笔去画画……一天下来，我往往一无所获。

我们什么都想做好，最后只会什么都做不好。只有集中精力，每次坚持做好一件小事，慢慢积累经验，才能迎来脱胎换骨的改变。

那天看到董卿的采访，她说自己每晚临睡前会清空脑袋，完全不去想工作上的事，然后捡起一本书从头翻看，这件事她坚持了几十年。如今的董卿，一开口，总能让人心悦诚服、如沐清风。几十年的阅读积累，让她的才气比她的颜值更深入人心。

哪怕是再微小的事情，只要默默坚持下去，迟早会大放异彩。在岁月里不断地重复、耕耘，时间会让我们变成另一个闪闪发光的自己。

05

极简主义，
越是简约的生活越是高级

    我喜欢"买买买"，又怕扔东西，于是家里越堆越满，越变越小。前段趁着休假，狠狠心处理了很多以前舍不得扔但又毫无用处的东西。

    现在一打开衣柜，随手拿一件衣服都是我喜欢的；打开鞋柜，再也不会看见已经被洗得发黄的小白鞋了；厨房里的各种小物件各归其位；冰箱里也没有了过期的食物。整个人都清爽了不少。

    突然想到西班牙极简大师 Fran Silvestre 的设计，他一直坚持纯白极简风的设计，经常打造出令人眼前一亮的作品。建筑的高级美源于没有任何多余的装饰，让居住者回归最本质的自由。而生活中的高级美，则来自断舍离之后的简约。

但我们往往对物品存有执念，总是认为拥有越多才会越幸福。比如，每到换季，女人总会觉得不置办几件新的行头，就是对自己的美不够负责任。而去年费尽心思搭配出来的外套、鞋子和包，虽然不想穿了，但也不想扔。

记得以前看过一部日剧《我的家里空无一物》。女主麻衣像妈妈和奶奶一样，有收藏癖，什么东西都舍不得扔。家里的物品总是到处乱放，每次要来客人就慌张地收拾。

直到2011年日本发生大地震，家里很大一部分东西都没能幸免。她这才幡然醒悟，其实生活本不需要这么多东西。她选择断舍离，把不需要的东西一件一件都扔掉了。

麻衣整理完的家，正如剧名一样空无一物。有时候做到窗明几净，也是一种极致的生活，越是简约就越是高级。

米开朗琪罗说："美就是净化过剩的过程。"庄子也说："朴素而天下莫能与之争美。"在这个物质生活越来越丰富的时代，断舍离就是一种大美。扔掉的越多，保留的就越少，反而越能知道自己内心深处真正向往的是什么。

我是个不爱浪费的人，有时候朋友来家里吃饭，饮料没有喝完，我一想到扔掉就觉得很可惜，所以总会选择喝掉。但是碳酸饮料喝多了不但会导致肥胖，喝完之后还会失眠。我就越来越纠结，这是何必呢？后来每次有剩下的饮料我就让朋友带走，不会勉强自己喝掉。

有时候对于食物也要学会断舍离，别委屈了自己的胃。正如《断舍离》所倡导的那样："不是想象什么是幸福，而是反过来想，什么东西对自己来讲是不幸福。"

法国生活美学大师多明妮克·洛罗曾在《理想的简单生活》一书中写道："绝大多数的人，在生命的旅程中，都携带了沉重甚至是超重的行李箱。"很多时候，放下也是一种艺术。

漫画家蔡志忠说过："每块木头都可以成为一尊佛，只要去掉多余的部分。"人生就是这样，要想活得更加丰富多彩，就要去掉一些不必要的东西，有时候朴素才最有力量。

不做“购物狂”，
保持精神清爽

每年购物节，身边的女性朋友就纷纷倒苦水：“这个月又要吃土了……”“信用卡额度都刷光了，我要剁手……”

抱怨完之后，她们又凑在一起乐此不疲地商量着凑单的最佳方案。

“就缺一件秋天的大衣了，买！”

“我倒是不缺衣服，但是这件真的很好看啊，买！”

“我也不是很想要，但是这个折扣力度真的很诱人，买！”

"虽然折扣一般，但是我最近心情好差，真的需要这件美丽的大衣安慰自己，买！"

五花八门的理由，将我们拖入了欲望的樊笼。记得那天看电影的时候，被一句台词所打动："人的一生，其实是和自己的欲望相处的过程。必须承认，我们每天都在面对内心的欲望。"无法控制自身购物欲的女人，往往只能光鲜一时，之后就会越活越狼狈。

资深购物狂们都有诸多相似点：荷包空空，积蓄为零；欠下一屁股"卡债"或者欠下的网贷越"滚"越多；因为控制不住欲望，生活、工作、爱情屡屡陷入危机中……

在某篇心理学研究的文章中看到，冲动消费包括这几种：纯粹性冲动消费，意思是说，不管心情好坏，反正就是想买；提示性冲动消费，看到家里东西快没了，本就想买所以购买；启发性冲动消费，看起来很好，貌似是我需要的就果断购买；计划性冲动消费，虽然只想买一块砧板但是发现这家的锅碗瓢盆都挺不错，不如一起买；盲目性冲动消费，虽然工资没发，欠了好多钱，但是不管了先买再说，哪怕之后真的得剁手；等等。

其实，最早关注这一现象的心理学家是弗洛伊德，在他看来，冲动购买行为之所以频频发生，是因为人的本能战胜了理智，即人的自律能力败给了人的享乐欲望。

无节制的购物与从众心理也有很大的关系，BBC（英国广播公司）在《无节制消费的元凶》中披露，商家及媒体一直致力于给人们营造一种"购买带来高级，购买才能快乐"的社会氛围，于是女人们纷纷趋之若鹜，好像多了一件大牌服装，多了一支高档口红，就能跻身上流社会；而少买一件便成了"咸鱼"，就会被整个社会所抛弃。

除此之外，购物同样契合了人们的某种补偿心理，一定程度上能调解人们的消极情绪，如愤怒、沮丧等，同时也能缓解压力。一位女性朋友有段时间工作压力太大，下班了就去逛商场。有一天，她买了个新包，男友看到了忍不住抱怨："这个月你都买五个新包了！"

她却痛哭起来，吼道："我已经这么累这么难过了，买个包怎么了？"后来，随着工作压力越来越大，加上和男友的感情越来越不好，她的购物欲望越来越严重了。信用卡被刷爆，家里的快递包裹几乎堆成了一座小山，买的大多数都是中看不中用的东西。她向我倾诉心事的时候，我严肃地告诉她："你得寻找另一种调节心情、舒缓压力的方式了。"

确实，当女人们开始享受这种补偿心理，"压力大、情绪低落就要去买东西"将会变成一种习惯，就好像"饿了就要吃饭"一样。这时候，噩梦便开始了。

该如何控制自己的购物行为？总结身边朋友的经验，我给出建议如下：

1. 账单刺激法。大多数人对自己的冲动消费一定会心痛不已，只是她们会选择性地忽视账单和消费记录。从现在开始，摆平心态，正视现实，逐一查阅存款、信用卡账单等信息，再计算清楚下月的花费，包括生活费、房租、水电煤等各种费用。一旦忍不住想购物的时候，就看看各类账单，你还那么想买吗？

2. 无视商家的促销信息，永远只买需要的。进超市前，列好购物清单，做好预算。进入超市后，哪怕遇到商场打折，只要这件物品不在你的购物清单上，一定要目不斜视地走过去。对一些大件商品，多考虑几天，或者和家人商量后再决定买不买。

3. 避免和女性朋友结伴购物。女人们聚在一起逛商场，特别容易丧失理智。她买一件款式新颖的上衣，你看着也眼红，结果买回家后才发现，这件衣服颜色太鲜亮，并不是百搭款，想要穿出去，还缺一条裙子、一双鞋……

所以，少一起结伴购物。最好在购物前，整理一下衣柜，看看自己真正缺少的是什么。购物时，心里默念："这真的是我需要的吗？"

4.学会记账，同时建立"心理账户"。很多年轻女孩都对自己具体的收支情况很模糊，她们尤其理不明白自己的钱都花在了哪些地方。想要养成精打细算的习惯，就得先准备一个记账本。详细记录自己的月收入和支出、年收入和支出，以及每一笔花销。

对女人而言，不是说吃的、用的都是大牌就高级了。被欲望俘虏的你，花明天的钱去享受，那副贪婪的样子，要多难看就有多难看。摆脱欲望的束缚，才能活得神清气爽。

记住，这世上还有很多快乐是钱无法购买的。压力大的时候，和知己好友深夜畅谈，去踏青、去爬山，哪怕去健身房大汗淋漓地运动一场，都可以让你变得快乐，让你活得充满质感。

真正有高级感的女人，
懂得控制自己的脾气

奥黛丽·赫本说过："一个优雅的女人是不轻易生气的，更多时候是不动声色，不卑不亢。"

经常看到女人因控制不住发脾气而情绪失控的负面报道：一个女孩和男友在小区里吵架，越吵越愤怒居然开始脱衣服，最后居然连内衣都脱了。好在身边的男友还保持着理智，一边抱住女孩，一边给她套衣服。

比这个女孩生气脱衣服的事情更不可思议的是一个妈妈，因为想惩罚出轨的老公，居然想拖着女儿一起跳楼。

　　还有一则骇人听闻的新闻，一名 17 岁的女孩在家中睡午觉时，被人用开水烫伤，脖子鲜红一片，网友直呼不忍直视。万万没想到烫伤女孩的不是别人，正是她的母亲。母亲因为自己的不满和愤怒无处宣泄，所以伤害了孩子。有人说，连自己的脾气都控制不好，还怎么做母亲？

　　生活有时候就是这样，难免一地鸡毛，任何人都有情绪崩溃的时候。但是为什么其他人不会像以上三位女性一样极端呢？因为大多数时候她们懂得控制自己的脾气，好脾气是女人最高级的智慧。

　　更多时候怒火只是你宣布投降的前奏，是你毫无办法、毫无力量的一种发泄，非但解决不了任何实际问题，反而会让你突破自己的底线。你要知道，很多事情不是靠发脾气就能解决的。

　　林志玲经常被人嘲讽，说她是没有演技的花瓶。这句话对于一个演员来说，简直就是莫大的羞辱，她却这样回应："花瓶吗？很好啊，这也是对外表的一种肯定方式，我会把它当作赞美，再说声谢谢。当然，如果你真的对这只花瓶有兴趣，随着时间的推移，你会看到真实的我。"

　　面对非议，她没有愤怒，也没有逃避，而是选择消化它，并用行动证明真正的自己是什么样的。在网上看到关于情绪管理的"杏仁核理论"：人脑负责情绪管理的杏仁核反应快，理性的大脑皮层反应慢。看到不开心的事，或听到令你气愤的话，杏仁核就会马上通知我们开始发脾气；而理性的大脑，则会对信息充分处理后再传递给杏仁核。

由此可以看出，发脾气是人的本能，而控制自己不发脾气才是一种本事。拿破仑曾经说过："能控制好自己情绪的人，比能拿下一座城池的将军更伟大。"只有能控制好自己情绪的人，才会有所作为。

我有一个同事钟琳，是公司的老员工了，很多比她进公司晚的人都升职加薪或者调到自己理想的城市去了，但她还是在原地踏步，这么多年都不见她升职。原因就是她脾气太暴躁，自己不高兴就觉得全天下都得罪她了。

有一次公司接到一个客户的投诉，领导有意让她处理，想借此机会提拔她。但是因为客户一直抱怨，她就跟客户吵了起来，还把客户骂了一顿。结果当然是继续原地踏步。

作家李筱懿在《在时光中盛开的女子》一书中告诫女人："把脾气调成静音，不动声色地解决问题。"脾气会将女人的修养毫无保留地暴露在大众面前。一个再漂亮的女人，就算身上穿戴的都是奢侈品，而一张口就脏话连篇，总是乱发脾气，那么她美丽的外表也会瞬间黯然失色。她那斤斤计较的刻薄言辞，就已经在宣告自己是个简单粗鄙的女人。

美国医学专家米勒曾经做过这样一个测试，他向一百多名有过心肌梗死病史的人和另外一百多名健康的人提出了一个相同的问题："侍者不小心将咖啡溅你一身，电车上有人不小心踩了你一脚，你心爱的上衣突然被人撕破。遇到上述情形，你会怎么办？"前者中的大多数人的表情不是紧皱眉头，就是满脸沮丧，有的人还异常愤怒。但后者并不放在心上，几乎都觉得那些只不过是小事罢了。

米勒由上面的情况得出了结论：愤怒和紧张容易引起血管

内壁收缩和破裂，最终还会导致心肌梗死或局部缺血。在出席美国心脏学会年会的时候，米勒就曾这样呼吁："给患者多开'微笑'这一处方灵药。"

著名作家冰心也说过这样一句话："活着，是生命的一种形式，而微笑则是生命中最美丽的花朵。"一张微笑的脸庞永远比充满怒气的面孔更漂亮。

在这里用一句话劝诫所有的女性朋友："发脾气像打人一样，是白色暴力、错乱的振频；靠嘴巴、丢东西、歇斯底里表达自己有多不满，可见荷尔蒙失衡有多严重，心智有多幼稚。做个值得爱的女人吧，别再让负面振频破坏爱的和谐共振。"

Chapter **4**

知道自己想要什么，
就没有人能够阻挡你

01

越努力的女人，活得越高级

　　之前在网上看到过一个热门视频：河北石家庄艺考女孩在艺考前二十天，由 85 千克瘦到了 55 千克。然后她决定放弃考编导，改为考播音主持。谈起她的艺考之路，她眼里满是泪水地微笑着说："一定要坚持，付出了就不会后悔！"

　　女孩变瘦之后也变得更美了，青春靓丽的样子甚至美得有点惊艳。我想不出她那 30 千克赘肉是怎么减掉的，肯定不是像她说的"只吃水煮菜和高蛋白食物"那样简单。其中的辛苦，恐怕只有她自己才能体会。

网上流行过这样一句话："不要小瞧那些说起床就起床、说睡觉就睡觉、说减肥就减肥、说美就美的女人，有如此钢铁般的意志力，她们无所不能。"的确是这样，越努力生活的女人越高级。

我以前一个合租的室友，博士毕业，在一家特别有名的律师事务所实习。她为了能在事务所留下来，每天除了上班，就是在家里看书、分析案子、写报告。

她说这批实习生很多，但是转正的名额没有几个，作为一个博士生，她年纪已经很大，没有多少时间可以浪费了，她必须比别人更努力。

付出与回报永远成正比，很多人在羡慕别人的时候从不去看别人比你多付出的汗水与努力。室友实习期结束之后成功留在了那家律师事务所，但是从没见她松懈过，还是一如既往地努力。现在的她已经凭着自己的努力买房买车了，还把父母都接到了身边。

蔡康永说过这样一段话："5岁觉得游泳难，放弃游泳；18岁时遇到一个你喜欢的人约你去游泳，你只好说我不会耶。18岁觉得英语难，放弃英语；28岁出现一个很棒但要会英语的工作，你只好说我不会耶。人生前期越嫌麻烦，越懒得学，后来就越可能错过让你动心的人和事，错过新风景。"

朱迅以前在日本留学的时候，进入了日本的NHK（日本放送协会）电视台，而且朱迅还是在日本多家电视台有固定节目的唯一一个中国籍主持人。回国之后进入了中央电视台，原本以为一切都将得心应手的她，却发现并不像自己想象的那么简单。本来以为自己已经很熟悉舞台了，但是中央电视台完全不同于她在日本做节目的时候。

"在日本，所有的画面都是固定的，每个镜头甚至还有分镜头脚本；而在中国，一切都是灵活机动的。最关键的就是在日本做主持人，稿子都是有提示牌的；但是在中央电视台，要求主持人脱稿，这也是衡量主持人业务水平的标准，所以我必须从头学起。"

"其实刚回来的时候，觉得很可怕，这些主持人的记忆力太惊人了。五点钟拿到稿子，七点钟上节目居然能牢记于心，我却连记个开头都很困难。于是，我就利用休息的时间背古文，在节目间隙背，睡觉的时候也背；看别人的节目，也在自己的节目中找问题。"

经过这样不懈的努力，才有了今天的朱迅。是她不断地坚持，才能让她在 2009 年、2011 年登上中央电视台春节联欢晚会的舞台，才能让她获得"金话筒奖"。

无论世界是好是坏，是公平还是不公平，你都要努力奋斗。正如俗话说的："吃得苦中苦，方为人上人。"

胡杏儿一家的马尔代夫旅游被很多网友羡慕，据悉他们入住的酒店是世界上第一座海底别墅，每晚住宿费折合人民币高达34.6万元。有人说胡杏儿真幸运，被老公宠上天了。也有人说，胡杏儿可真是越活越高级了，刚出道时的傻气现在一点也找不到了。

但是了解她的人都知道，她今天的一切都是靠自己的努力。胡杏儿是港姐出身，最开始还被评为"最丑的港姐"。签约TVB（香港电视广播有限公司）后她接的戏也都是一些小角色，但是从不见她放弃，总是认真地演好每一部戏。

终于等来了自己演主角的机会，为了《肥田喜事》，她两个月增肥18千克。汪明荃说："胡杏儿工作比谁都拼命，对自己的要求比公司对她的要求还高。"

出名之后她也没有骄傲，继续努力工作。这世界上根本没有什么天生好命，谁不是靠自己的毅力一点一点拼出来的？就像胡杏儿，没背景没天赋，就靠自己那种锲而不舍的精神才有今天。女人，总是越努力才越高级。

古人说:"种瓜得瓜,种豆得豆。"不劳而获的东西是不可靠的,只有通过自己的努力摘得的果实才最甘甜可口。生活是公平的,你付出多少汗水,就会收获多少喜悦。所以请从现在开始努力吧。别让自己停滞不前,做一个令别人羡慕的幸运女人吧。

生活不只是柴米油盐，
总有些事情不能妥协

　　浙江女研究生烧炭自杀的新闻曾经引起很大的轰动。女研究生潘玲燕，不顾父亲的反对，甚至不惜与父亲断绝关系，还是要跟男朋友薄元星结婚。因为一场浪漫的求婚，潘玲燕一度以为这就是自己一生的幸福归宿。但是万万没想到这场婚姻却因自己无底线的妥协，差点让自己赔上性命。

　　新婚不久，薄元星让她找父母资助买房。虽然为了和他结婚，潘玲燕已经和父亲决裂，但是为了满足丈夫的要求，她只能妥协。

　　房子虽然买了，却欠下很大一笔钱，潘玲燕每天都在拼命赚钱。没过多久，丈夫又提出了换车的要求，说自己开着10万元的车丢人。虽然潘玲燕觉得丈夫的要求很过分，但她还是再次选择了妥协，四处借钱。

房子、车子都有了，丈夫又提出卖房去外地创业。潘玲燕虽然不舍，但是为了丈夫的前途她又一次妥协。可是房子卖了没多久，她却发现丈夫出轨了。面对背叛，她终于提出了离婚，却又被丈夫的花言巧语欺骗了。她不但原谅了丈夫，还贷了10万元支持他创业。

丈夫在不再有好处可图时，向她提出了离婚，潘玲燕万万没想到，自己的一味妥协换来的竟是一份离婚协议书。走投无路的她选择了自杀，虽然最后保住了性命，却被烧成重伤，而丈夫则不闻不问。

越是退让，对方越是步步紧逼。很多结了婚的女人都是这样，为了家庭美满，甘愿在家洗手做羹汤，与世隔绝，生活中除了柴米油盐，其他全部都消失不见了。往往越是这样越没有好的结局，只有妥协的婚姻注定无法长久。

女人要有自己的底线，有自己的事业，不要过分依赖丈夫，也不要总是妥协。如果有一天被另一半抛弃了，你该有能力养活自己；在退无可退的时候，该有本事跟糟糕的事物挥手告别。

18岁那年，孟小冬遇到了梅兰芳，一个是旦角之王，一个是须生之皇，共演一场《游龙戏凤》，惊艳了台下的观众。这出戏从台上演到了台下，孟小冬与梅兰芳彼此情根深种。正像戏文里唱的那样："惊觉相思不露，原来只因已入骨，情不知所起，一往而深。"

彼时，梅兰芳已有福芝芳这位正房太太。后者原本也是京剧名旦，前途无限，但自从与梅兰芳结婚后便放弃了事业，终日待在深宅大院，安心过相夫教子的生活。

谁料丈夫移情别恋，这令福芝芳肝肠寸断。这边孟小冬也犯了难，她爱慕梅兰芳，却难以割舍事业，更不愿意委身为妾。于是，三人间"剪不断理还乱"的纠缠开始了。

终于有一天，孟小冬意识到，很多事情她是无法妥协的。于是她决绝地离开了梅兰芳，重回戏剧的舞台。1934年，她复出后引起轰动。1938年，她拜余叔岩为师，成为京剧第一女须生。孟小冬活得刚强独立，更在事业上创下赫赫成就，后人提起她无不啧啧称赞。

女人，永远不要向现实妥协，尽管生活可能困难重重，但是只要坚持到底，你就是人生的赢家。

看过一部电影《末路狂花》，影片中两位女主人公想暂时从忙碌的工作和沉闷的家庭中逃离，安排了一次轻松的假期。路易丝是一个餐厅女侍，被繁忙的工作压得喘不过气，就劝说闺蜜塞尔玛跟她一起出去旅行。塞尔玛是一个无所事事的家庭主妇，自从结婚之后生活一直很压抑，就连和朋友出去玩都不敢和丈夫说。她整天待在家里，孤独又无聊，于是答应了路易丝的邀请。

　　原本应该是一场轻松愉快的旅行，结果两个人在路上学会了抽烟、喝酒，最后为了保护自己还开枪杀了人，迫于无奈又去抢劫。其实整部影片延伸开来应该是两个女性为了反抗生活中的琐事而做出的斗争。

　　女人有时候就是要做出反抗，当然不是鼓励你像路易斯和塞尔玛一样，而是要学会独立，有独立思考的能力，有独立生活的能力。无论什么时候都不要随便妥协，爱得越是卑微，感情反而越岌岌可危。

　　生活中不是所有的事情都能妥协，有人说退一步海阔天空，但是无底线的退让只会让你跌入万丈深渊。首先你要懂得爱自己，学会经营自己，拥有无限增值的能力，而不是随着年纪的增长一再贬值。

03

宁愿高傲地单身，
也不要将就的婚姻

几个好友聚会时，青檬感慨道："女人工作找得不如意，还可以将就一下，就当是过渡了；同事都很难缠，也可以将就，多花点时间磨合就好了。但无论如何，婚姻不能将就。"

我们都很懂她的心声。青檬刚刚从一段糟糕的婚姻中脱身而出。三年前，她还是一个无忧无虑的单身女子，可在父母的逼迫下，她不情不愿地踏上了"花式相亲"的旅程。前夫是她相亲的第十个男人，综合条件最好，父母一眼就相中了。

青檬本人没什么感受，只觉得对方的相貌还算清爽，不讨厌，却也谈不上喜欢。父母一个劲地让她主动联系人家。她听烦了，就按照父母的要求去做了。

很快，他们确立了恋爱关系。只是，两人从来没有热恋过，日子过得不咸不淡。一年后，他们在双方父母的催促下结了婚。结果，婚后不久，青檬有了一种严重的上当受骗感。

真的生活在了一起，她发现他们的生活节奏很不一样，她习惯早睡早起，他却是个夜猫子。而且，他们的金钱观、价值观、兴趣爱好包括朋友圈都不重合，经常是她兴高采烈地说着自己感兴趣的事，他却兴趣寥寥、答非所问，或者一个劲地抬杠，话语中满含贬低。

最关键的一点是，她发现对方根本没有把自己当作家人，连买菜都要跟她实行 AA 制。她在生活中遇到了麻烦，向他倾诉，他却不耐烦地催促她自己解决，只要不妨碍他自己的利益就好，冷漠无比。就这样过了三年后，青檬觉得自己忍不下去了，坚决向对方提出离婚。父母又来劝她，说婚姻本来就是将就，结果被她一句话怼了回去："您二老愿意将就，我不愿意！"

不只青檬一个人有这样的遭遇，环顾身边，发现那些将就的婚姻，最后都"死"了；而那些遇到爱情之前坚决不妥协的"单身狗"们，却活得畅快而自在。

将就的婚姻大多没有爱情作为基础，要么是觉得对方条件还不错，便匆匆结了婚；要么是因为自己年龄大了，不愿意被扣上一顶沉甸甸的"大龄剩女"的帽子，于是随便找个人结婚；要么是因为父母逼婚逼得太厉害，为了满足父母的心愿而结婚……结果呢？充实、宁静的单身生活成为过去，你不得不忍受着一个"聋哑式伴侣"。

你的另一半接收不到你投递过去的任何信号，你抱怨时他冷眼相待，你沮丧时他无动于衷，你无助时他甚至会踩上一脚。你在职场上受了委屈，回家想同枕边人倾诉一番，结果丈夫一脸不耐烦，抛下一句"你这么没眼力见儿，别人给你使绊子也正常"，然后冷冷地走开。

朋友聚会，别的夫妻都一对对依偎在一起，要么彼此投喂零食，要么分享耳机听同一首歌，你们却全程无交流，冷着脸，你刷你的网页，他打他的游戏。

女人在婚姻里的精神需求往往比男人更高，哪怕是抱着实用的目的走入婚姻，她们多少还是怀着一丝对情感的期待。当她问"瞧我做的新发型好不好看"时，多么希望另一半能真心实意地夸赞一句"很漂亮"，而不是随口嘲讽"真老气"。

当她们抱怨"上班真的太辛苦了"时，无非是想另一半能多安慰一下自己，而不是一句无情的打击"矫情什么啊，谁上班不累啊，没有公主命还患上了公主病"。

这样的生活你真的能凑合着过下去吗？没生孩子还好，生了孩子日子更是直接升级为"炼狱模式"。在朋友圈看到一段视频，主要记录的是一位年轻母亲的日常：

一个人忙来忙去地做家务，照顾父母，陪伴孩子；刚想打个盹儿，孩子就哇哇大哭起来；抱着孩子上街，感觉到路人异样的目光，于是赶紧遮住满是油渍的家居服；好不容易熬到丈夫下班的时间，却突然收到丈夫发来的微信："今晚要应酬，不回家。"……

视频中，那位丈夫好像隐身了一样，从未在妻子需要的时候出现在她身旁。看到最后，不禁感慨不已，与其活在丧偶式的婚姻中，还不如做一条高贵的单身狗！

记得奥斯瓦尔德·施瓦茨说过："美满的婚姻是人生最大的幸福之一，不幸的婚姻无异于活着下地狱。"那么什么是真正靠谱的婚姻？著名主持人杨澜说："一段美好的婚姻不但需要爱，还要有肝胆相照的义气，不离不弃的默契，刻骨铭心的恩情。"

当你遇到了真正一个爱的人，你们对彼此包容、有耐心，不只三观相契，还愿意为彼此做出改变，拼尽全力只为让你们的小家拥有一个光明的未来。真的遇到了这样一个人，那就嫁了吧。在那之前，不妨安心地过自己无忧无虑的单身生活。

04

比起他人的肩膀，
更靠谱的是自己拥有一双翅膀

　　"靠父母，你可以成为公主；靠男人，你可以成为皇后；只有靠自己，你才可以成为女王。"每每想起严歌苓的这句话，内心都会升起一股莫名的力量。

　　这世上，坚强的女孩都有一双隐形的翅膀。她们寻寻觅觅，不是为了找到一个可以依靠的肩膀，而是为了收集足够的能量与勇气，任自己翱翔于蓝天之上。

　　女孩们，纵然你遇上了一个貌似很爱你的男人，却也别忘了任何感情都抵不过时间的考验。不要将别人的肩膀当作永远的依靠，如果某一天他转身离去，你又该如何生存下去？

想要神采飞扬地活在这世上，你只能凭借自己的努力。试问，这世上又有谁愿意心甘情愿地伸出肩膀，一直任你依靠？一时的依靠是甜蜜，一世的依靠却变成了累赘。

大学同学杨芹曾活得像个"白富美"，一身名牌，长发飘飘，性格娇软可人。可熟悉她的人都知道，其实她家境普通，比一般的女生好不了多少。

只是，她的父母很宠爱她，宁愿自己省吃俭用，也要给她提供最好的生活。可以说，人生的前二十年，有了父母的关爱与照顾，杨芹的日子过得很顺心。

20岁时，那个影响她一生的男人出现了。他叫周宇，虽然他比杨芹足足大了6岁，却对她有求必应，温柔体贴。见周宇事业成功、出手大方，杨芹父母对他也很满意。他们原以为可以放心地将女儿交给这个男人，谁知道杨芹偶然得知，周宇早已结了婚。

杨芹与周宇大吵一架后分了手，杨芹的父母也气急攻心，纷纷病倒住进医院。这事闹得沸沸扬扬，杨芹觉得丢脸，干脆退了学。半年后，杨芹邀请我们几个室友吃饭，席间告诉我们她要结婚了。我们听到这个消息都很吃惊，问她为什么这么快就结婚，杨芹一脸忧虑："父母年纪大了，身体又都不好，我压力太大了，只想找个人帮我分担压力，让我依靠……"

我们想劝她，只是那时候都太年轻，说来说去都说不到点上。杨芹嫁的是个富二代，婚礼办得极其奢华。可是听说她过得并不幸福，每次一和丈夫吵架，便会被赶回娘家。丈夫在外面花天酒地，总是喝得醉醺醺地回家，杨芹却不敢说什么，一直在忍气吞声。

杨芹的遭遇令我们感到痛心，同时又怒其不争。有句话说得好："借来的火，点不亮自己的心灯。"这世上没有一个肩膀能永远借你依靠，父母为你遮风挡雨，尽心尽力，可是父母总有老的一天；男人对你百依百顺，宠着惯着，可谁也不敢担保这份感情不会变质。

《吐槽大会》上，李诞对一位历经坎坷的女歌手说："也许你的翅膀是隐形的，但你飞过的时候我们都看见了。"女人的坚强，是无人扶持时亦能奋战到底，是为自己的尊严与倔强买单。只因人生在世，唯一能够依靠的只有自己。所以，请为自己的未来、为爱的人和想要保护的人长出一双隐形的翅膀，奋力飞过那些困窘的时光和所有不为人知的苦难。

民国那些传奇女人中，张幼仪是我极其佩服的一位。嫁给徐志摩前，张幼仪的母亲日复一日地教导女儿："男人是女人的天，不可违抗，女人得靠男人活着。"

嫁给徐志摩后，张幼仪谨遵母亲教诲，做好妻子的本分，小心谨慎地伺候着丈夫，还给他生了两个孩子。她指望用自己的逆来顺受换一个终身依靠，可是，这个希望终究破灭了。她等来等去，只等到了一份薄薄的离婚协议书。

那一刻，张幼仪反而冷静了下来。她回顾着这些年的生活，内心凄楚无比。最后，她毅然同意与徐志摩离婚。她在心里默默说："放他自由，也放自己自由。"离婚后的她，好像突然开了窍。为了养活自己和儿子，她自学德语，攻读幼儿教育，以此开启了自己的事业。

她全身心投入到了事业中，见识越来越广阔，性格也变得越来越坚韧。1928 年，她担任上海女子商业储蓄银行副总裁，后来又创办了"云裳时装"，在商界有了很大的影响力。张幼仪的母亲原本还很担心女儿离婚后会活得凄惨，可看到女儿容光焕发的样子，终于转变了一些思维，明白了："有能力的女子，不依靠男人，也能活得很好！"

有的女孩，死死抓住爱情不放，唯恐它会消失；有的女孩，将婚姻当作"长期饭票"，将伴侣的肩膀当作永远的依靠，只因她们的内心没有足够的力量来抵抗外部世界带来的不安和恐慌。于是一有风吹草动，她们就立马躲在别人身后。

殊不知，费心取悦别人，唯恐爱情逝去的日子是最煎熬的。有这时间，不如努力让自己变得更强大。勇敢地走进风雨中吧，只有痛过，才知道坚强；只有坚强跨过苦难，才能迎来全新的明天。

05
对自己的选择负责，
活出限量版的人生

　　偶然看到一个视频，视频中的优雅女子侃侃而谈："我很喜欢给自己定目标，我每年都会给自己定目标，我 2008 年回到浙江的时候，定了一个小目标，我要求自己 30 岁的时候，先把自己欠下的 300 多万元还掉，而且我自己的个人存款一定要达到 100 万元。"

　　主持人有点不相信地说："那你就必须挣到 400 万元以上。"

　　女子自信地说："对，不过我很幸运，我达到了我的人生目标。"

我对这个女子产生了好奇，搜索了一番才发现，她便是安美拉的创始人丁荔荔。回顾她的成长之路，发现在人生的岔道口，每一次，丁荔荔都能做出最勇敢的选择。哪怕遭遇了挫折，撞上了南墙，她也能为自己的选择负责，不后悔，不逃避，勇敢面对，砥砺前行。

丁荔荔出生在一个普通家庭，是家里的长女。16岁那年，为了减轻家里的负担，她毅然辍学，跟着父母去常熟做生意。27岁时，因为家庭原因，丁荔荔背负了300多万元的欠款。沉甸甸的债务压得她整宿整宿睡不着觉，痛定思痛之下，她选择振作起来，再拼一次！于是，她从常熟返回义乌，创办了丽嘉欣袜业，又一次踏上冒险之旅。

创业中的丁荔荔活得比以前更艰辛，却也更坚定。当时她为了方便办公就住在厂里，隔壁是锅炉房。锅炉房每天都要排水，水慢慢流入她睡的房间，散发着刺鼻的气味。丁荔荔被那股气味熏得翻来覆去睡不好，半夜起身一看，污水都漫到小腿了。

最艰难的时候，身边的人都劝她放弃，劝她认命。她却倔强地摇头，然后拼命将苦往肚子里咽，并用行动告诉所有人，自己选的路，跪着也要走完。

慢慢地，事业有了起色，她还清了欠款，还在 30 岁生日时给自己买了一个亮闪闪的钻戒。31 岁时，丁荔荔又给自己买了一辆保时捷敞篷跑车，令人羡慕不已。

她无疑是活出了属于自己的限量版人生，不管是过去，还是现在，抑或是将来，她从不乏为自己的选择买单的勇气。积蓄打了水漂，那就努力再赚回来；遇到了挫折，那就歇一歇，再接再厉。凡是认定了的路，遇到再多痛苦她也不会皱一下眉头。

前两天读了一篇文章，讲的是如何克服怯懦的心理，如何做选择。文章中，有这样一句话："我选择，我承担，我自由。"不由心生好奇，对自己的选择负责应该是什么样的？

拿这个问题请教一位前辈，她想了想，说："有的人将人生的选择权交给上天，其实是交给随机；有的人无限依赖别人，指望别人替他做出选择。这两种人总是在遇到困难的时候乱甩锅，将选择失败的责任丢给别人，遇到这种人真的好烦。"

她顿了顿，又说："还有一种人，虽然也能自己做出选择，但一旦遇到点挫折就懊悔不已，之后一直沉浸在失败的阴云中走不出来，变得畏首畏尾。"

尽管她没说下去，我心里却有了清晰的答案。无论是第一种人还是第二种人，他们的做法都不值得借鉴。我们要做就做第三种人，每走一步都能对自己的生命负责；碰上了岔道口，也能做出独立自主的选择，更能勇敢地承担选择的后果。

对《但丁密码》中的一句台词记忆尤深："人生就是不断做选择的累积，选择就是选择，无所谓对与错。"是的，选择没有对错，做了选择后就请坚持下去，再苦再累也不要喊疼，不要抱怨。唯有不后悔，执着地走下去，才能等来月明花开的那一天。

香奈儿的奋斗历程一直很打动我，她无法选择出身，也无法选择自己的童年生活，可她有勇气拼尽全力为往后无尽的岁月争取选择权，并勇于为自己的每一次选择负责。

12 岁那年，母亲患病去世，父亲抛下五个子女不知所踪。从此，香奈儿和其他兄弟姐妹一起搬进了修道院的收容所。在那里，她主动跟在修女身后，苦学裁缝的技巧。

成年后，她一想到要在那个阴暗的修道院里度此一生，便沮丧不已。她考虑了很久，决定鼓起勇气前往巴黎闯荡。面对别人的劝说、嘲笑，香奈儿却握紧拳头，誓不回头。

一番奔波后，她终于来到巴黎。茫然四顾，举目无亲。为了养活自己，她白天做裁缝女工，晚上拖着疲累的身体去酒吧驻唱，将一首《Coco》唱得动听之极。

她咬牙承受着世间的黑暗、苦难，慢慢迎来了属于自己的一片天地。耕耘多年后，她的帽子店终于在巴黎的康鹏街21号开张了，可可·香奈儿的名声亦传遍了天下……

既然是自己选择的路，就沉默而坚忍地走下去。就像作家汪国真说的那样："既然选择了远方，便只顾风雨兼程。"那些知道自己想要的是什么，并敢于为自己的选择负责，哪怕付出代价也在所不惜的女人，她们的美丽、优雅，在时光里不会褪色。

你要的安全感，
只能自己给自己

　　以前看电影《无问西东》，影片中许伯常老师总是被他的妻子打骂，但是许伯常老师是待人最为亲和、最受学生尊敬的人了，所以我开始对他妻子的行为表示很无奈。看到后面才知道，他对所有人都很和善，唯独对妻子冷若冰山。

　　他和妻子青梅竹马，曾经对妻子的承诺是大学毕业后会娶她，并对她好一辈子。但是在妻子供他读完大学之后，他反悔了，虽然最后在妻子的逼迫下和她结婚了，可是他一直对妻子很冷淡，于是妻子从此性情大变。

在一次争吵中，妻子愤怒地质问他："当初不是你说的要对我好一辈子吗？"他反驳："人就不能变吗？所有事情都能变，为什么这件事情就不能变？"

看到这里我不由心生寒意，承诺在时间面前又算得了什么呢？也许他当初许下的诺言都是真的，他是真的想娶她，并想一辈子都对她好。但是随着思想的进步，时间的推移，他的想法改变了，于是妻子越来越没有安全感，性格变得越来越焦躁易怒。

不禁想到现在的大多数女性朋友，很多人都是像许伯常老师的妻子一样缺乏安全感，结婚之后太过于依赖丈夫，甚至"不择手段"地"折磨"丈夫。

我有一个表嫂，总是怀疑表哥有外遇。每天表哥一回到家，表嫂就像安检人员一样，打开包检查。还要询问表哥每天的行程，要见的客户是男是女，这时候我就觉得表嫂像个警察。表哥刚开始还可以理解表嫂这样的患得患失，毕竟表嫂自从结了婚就安心在家里照顾公婆，照顾孩子，撑起整个家，也不容易。

可是表哥越是容忍，她越是变本加厉。表哥连花钱都要经过她同意，开会时不接电话就一直打，每次跟女客户聊微信谈工作都要被表嫂冷嘲热讽。表哥终于忍不下去了，和她提出离婚，表嫂就更崩溃了，采取一哭二闹三上吊的方法来威胁表哥。于是大家都劝表哥，算了吧，她就是缺乏安全感，你多陪陪她就好了。

其实在感情里，真正的安全感并不应该来自另一半，而应该来自你自己。害怕是人的天性，因此每个人都渴望在别人身上得到安全感。可是这个世界上除了你自己，任何人的承诺都是会变的。只有依靠自己，自己给自己安全感，才能越活越高级。

伊能静曾经说过这样一段话："从小妈妈就教导我，找个男人依靠就会幸福一辈子。于是多数时间我都在寻找那个男人，讨好，附属。但经过风霜岁月，终于明白，与其外求，不如寻找自己。让灵魂独立、生活独立、经济独立，自然能产生幸福感。现在的自己如此精彩，孩子、秦先生、导演、写作、慈善，我终于不再依附任何人，活出了自己的样子。"

我身边有一个富二代朋友，她从小就很独立，自从上了大学后，再没找父亲要过一分钱，而是选择做兼职养活自己。我不禁问她："为什么要这样，你爸赚钱就是为了让你有更好的生活，你何必把自己弄得这么累呢？"她说："花别人的钱总是没有安全感，就算是我爸的也一样。如果有一天我爸生意失败了，那我不是只能等着喝西北风了？"

后来她结婚了，老公也特别有钱，我以为她终于能停下来休息一下了。可是她生完小孩就又继续出去工作了。我问她，丈夫也不能依靠吗？她说："所谓'丈夫'，一丈之内才是夫。我必须保持我们两个人的步调差不多。"现在她不但把家里打理得井井有条，工作顺风顺水，跟丈夫的感情也一直很好。

姑娘，你要知道这个世界上唯一不会改变的东西就是改变本身。也许你穷尽一生也找不到那个能给你安全感的人，你想要的安全感只能自己给自己。

安全感其实很简单就能拥有，只要你在工作中，不断学习，让自己的能力不断得到提升，不要让外界的因素干扰自己的思考能力；在生活中，锻炼自己独立的能力，适应孤独，一个人的时候也能认真生活；在感情里，保证精神和经济都独立，只有你自己变强大了，才会有源源不断的安全感。

有知识，有见识，有工作，钱包有钱便是女人最大的安全感。女人的安全感，父母给不了，丈夫也给不了，只有自己才能给。

坚持独立思考，
不轻易被他人左右

　　生活中，很多女孩一直在尾随别人的脚步前进。为了收集名牌包，欠下十几万元网贷，只因身边的人都在说"女人要舍得为自己花钱，要对自己好一点"；早早结婚生了孩子，只因七大姑八大姨坚持认为"女人有了孩子才完整"；被老公多次家暴都不离婚，只因亲戚朋友都劝"男人都一个德行，年纪大了就好了"……

　　在这个信息爆炸的时代，我们太容易陷入被动思考的"迷障"，变得人云亦云，随波逐流。久而久之，就将自己变成了一个"失聪"的人。殊不知，自信、独立的女人才更可爱，她们知道自己今后的人生高度取决于目前所走的每一步，所以每一步都走得无比谨慎。

年轻时的桑德伯格，虽然是个不折不扣的学霸，却也是一个"耳根子较软"的女孩。1987年，她以优异的成绩被哈佛大学录取，主修经济学。像她这样优秀的女孩，却也摆脱不了被逼婚的命运。桑德伯格的父母继承了老一辈的思想，总认为女孩的成绩不是最重要的，关键是找个靠谱的男人结婚，早日定下终身大事。

他们不断在桑德伯格耳边念叨："不只要关注学业，还要多留心周围那些杰出的男孩。""对成年女孩来说，最要紧的是婚姻大事。"在父母的耳提面命下，桑德伯格也着急起来。

在哈佛大学期间，虽然有不少男孩追求她，但因她总是将每个约会对象视为未来的丈夫，一再进行考验，这些恋情反而纷纷告终。桑德伯格本人也从未享受过恋爱的美好。

毕业后，她甚至放弃了一个前途无限的国际奖学金项目，搬去了华盛顿生活，理由很简单，那里优质未婚男很多。24岁，桑德伯格遇到了一个条件优越的男人，在亲友们的鼓励下，她接受了对方的求婚，轻易地迈入了婚姻的殿堂。

谁料婚后生活并没有别人说得那般美好，不是幸福的开始，反而是噩梦的开端。一年后，桑德伯格平静地接受了婚姻破灭的事实。她生平第一次不顾家人劝说，独立做出了一个决定：离开身旁的这个男人。而离婚的决定让她迎来新生。

桑德伯格痛定思痛，从那以后凡事都独立思考，自主决定。她将所有的心思都放在事业上，无论是弃政从商，入职谷歌，还是后来执掌Facebook，一力奠定Facebook的整个盈利模式，她都展现出旁人难以企及的洞察力、判断力和执行力。她用自己的传奇经历向世人证明：不要让外界嘈杂、喧闹的声音淹没自我，保持冷静，始终听从内心的声音。

见过太多姑娘，一面抱怨目前的生活了无新意，一边麻木地听从着他人"好心"的劝导，孜孜不倦地复制着别人的人生之路。到了而立之年，她们依旧在抱怨中止步不前。

那些拥有独立思想的女人却经得起诱惑，也扛得住压力，她们能经过独立的思考与分析，汲取营养，过滤糟粕，并遵从内心所想，将人生经营得有模有样。

长久以来，有个问题一直萦绕在我的脑海里：为什么有的女孩那么容易被"洗脑"？引发我思考的人是赵雯。她是我在旅行中认识的女孩，曾给我留下极好的第一印象。那时候的她，未经世事，清秀、朴素，笑容腼腆，思想单纯可爱。

半年后，无意中加了她的微信。翻开她的朋友圈，却是另一种"画风"。望着她那些长鬈发、大浓妆的自拍，我揉了揉眼睛，不敢相信这是之前那个单纯的女孩。

赵雯在朋友圈转发的那些文章，都是一些打着"女权"幌子的病态情感文。标题都很"辣眼睛"：《女孩，你把自己养那么贵，不是用来便宜任何一个男人的》《真正的女神，是被男人宠出来的》《没本事的男人才会嫌弃自己的女人乱花钱》……

在这个商业化的时代，自媒体人为了吸引流量，纷纷炮制一些"田园女权文"去怂恿、哄骗那些单纯的女孩。可若是一味地盲信盲从，一面将自己捧成了小公主，在生活里霸道横行，动不动对男友颐指气使，一面纵容并不择手段地满足自己的物欲，只怕会误了一生。

我们容易被牵着鼻子走，首先是因为那些"说服者"大多功力深厚，懂得用一些看似"高大上"的文字去包装一些糟粕的思想，引得大家纷纷上当。其次，是因为我们本身头脑简单，眼界又低，掌握的信息太少，知识体系也是零散不堪。

所以，为了加强独立思考的能力，女人可以借鉴以下建议：

1. 扩大信息来源，凡事讲求逻辑与事实。遇到一个难以抉择的事情时，多留意各方面的声音，汇总后仔细考量，权衡利弊，从而得出自己的结论。

2. 坚定初心不动摇。生活中我们既能听到真心实意的教诲，也能听到一些毫无营养的"规劝"，如果实在无法分辨，就先想明白什么才是自己真正在意的，初心是什么。在此基础上做出真正有利于自己的选择，然后坚定不移地走下去，无论别人说什么都不必太在意。

3. 用写日记的方式反思不足，多看书，增长见识。生活中，一些小事尽量自己决定，不要依赖别人，然后用日记记下决策的过程和感悟，看看自己有哪些考虑不周到的地方，比如是否太过感情用事。平时要注意多读书，丰富自己的知识体系。

独立思考，是开启女人们自立自强人生的第一课。因为这世上没有谁能定义你的人生，除了你自己。一旦你习惯了这种思维模式，你将会随着时间的酝酿而日渐充盈。

Chapter 5

高级藏在情商里，
会说话的女人一开口就赢了

01
用有趣的方式自嘲，
帮自己度过艰难的时光

　　我一向喜欢那些幽默的女人，她们在人际场合中显得如此亲切又机智。面对非议，遭遇尴尬之时，既不怯懦逃避，长他人志气灭自己威风；也不会怒火中烧，用谩骂的方式将自己的姿态衬托得更难堪。她们会大方地承认自己的不足，用自嘲的方式博取大家一笑。

　　一位生活在纽约的摄影师曾出了一本书，在书中她介绍了自己丰富多彩的时尚圈生活，其中给我留下最深刻印象的一点是，她在解释女人变得优雅的方法时，提出了一个有趣的观点：多自嘲。在她看来，自嘲正体现了一个女人骨子里的优雅。

她还说，几乎每个女孩都向往成为舞台上的耀眼明星，而她见过的那些真正魅力十足的明星们在面对别人的刁难与挑衅时，都能用自嘲法"四两拨千斤"地化解。

看到这里，我第一个想到的是好莱坞女星桑德拉·布洛克。曾看过这样一个视频，布洛克站在领奖台上，一面高举奖杯，一面念起之前在网上搜寻到的关于她的负面评论，最后，她幽默地表示"作为一个没什么才气、平庸、年过四十的老女人"，能得到这一殊荣她很感激。观众席上爆发出一阵笑声，随即，热烈的掌声响起，久久不停……

在网上看到这样一句话："笑的金科玉律是，不论你想笑别人什么，先笑你自己。"真正有趣的、高情商的女人向来敢于拿自己"开涮"。不怕丢脸，反而让她们变得越发迷人。

身边一些女孩向我表达过这样的顾虑："为啥要'黑'自己啊？我做不到，太 low 了。"其实，这是对自黑的误解。自黑不是没羞没臊不要脸面，而是把一些挫折或者来自外界的攻击用一种风趣的方式表现出来，它不但不"low"，反而彰显了自己的抗打击能力。

　　我的一位上司身材高挑，一头秀发，穿衣品位也很好，美中不足的是她五官生得不太好看，脸庞大，眼睛小，龅牙不说还有点蒜头鼻。有一次，同事聚餐的时候，她突然一本正经地说："就我这张脸，遮住两个地方就完美了。"我们都很好奇，问她是哪两个地方。

　　上司缓缓道："我的左半边脸和右半边脸。"当场，大家愣了几秒，之后纷纷大笑起来。不知怎的，那一晚灯光下的她突然变得很美。大家怎么看她怎么顺眼，只觉得她眼神俏皮，姿态潇洒，亲和力十足，简直迷人得要命。

　　勇敢地在公共场合揭自我疮疤，适当地调侃一番，反而会给别人留下值得信赖的好印象。而错误的示范莫过于拼命为自己遮掩，或者假装问题不存在，这反而会让我们遭受更多嘲讽。要知道在社交场合中我们会遇到形形色色的人，沟通的过程可能也不如我们想象中顺利，一旦说错了话做错了事，不妨用自嘲的方式为自己解围。

　　从某本心理学著作中了解到"心理防御机制"的概念。它指的是一个人应对挫折的反应方式。而自嘲正是一种正向的、积极的心理防御方式。聪明的女人会在别人"黑"自己之前，先把自己"揉扁搓圆"攻击一番，反而让"黑子"们无从下手。

有一句话叫作"自信的极致，是自黑"。事实确实如此，善于自黑的女人一般内心都比较强大，她们谈吐风趣，心胸豁达，处世乐观，这些无不在向身边的人透露出一种生活态度：生活也许会让我们流泪、伤心、抑郁，但它一定无法阻止我们欢笑。

罗曼·罗兰曾说过："世上只有一种英雄主义，就是在认清生活真相之后依然热爱生活。"那些善于自嘲的女人，都是生活中的英雄。一系列 TED 演讲视频中，美国神经科学家吉尔·泰勒对自己中风经历的调侃给我留下了深刻的印象。

泰勒用夸张的口气描述自己中风那一刻的情形，她说："我意识到'天啊！我中风了！'第一反应是'哇！这太酷了！有几位神经科学家有机会研究自己的大脑啊！'"

见现场的观众被逗得哈哈大乐，泰勒顿了顿，故作正经地道："紧接着，我的脑袋里又蹦出来一个念头，'可我那么忙，哪有时间中风！'"

泰勒站在演讲台上勇敢自黑的样子，深深印在我的脑海里。她用一种浑然天成的幽默勇敢地对抗来自疾病的威胁与压力，像个光芒四射的英雄。

做一个有智慧的女人，学会自嘲，用幽默帮助自己撑过人生中的困难时光；用超高的情商去应对冷嘲热讽，游刃有余地处理社交关系；用自信去面对接下来的人生，稳步前行……

有高级感的女人，
开口前懂得将别人放在心上

　　周末和几个好友一起聚会，不知怎的就谈到"相处之道"这个话题。大家你一言我一语，各自发表了一番意见，最后我总结道："人与人相处，最终逃不掉'舒服'这两个字。和什么样的人待在一起最舒服？我看就是那种能将别人放在心上的人。"

　　世上的女人有千千万万种模样、姿态，可只有一种女人，能触动你的心弦，让你相处不厌。她们有着深厚的底蕴，绝高的情商，开口前永远将你放在心上。她们知道什么该说，什么不该说，什么时候该多说，什么时候该闭嘴不言。但凡她们开口，都会让你感到很舒服。

记得有一次，在街上遇到前同事吴媛和她的朋友秦琳。那段时间，我经历了失恋、失业等一系列打击，过得狼狈不堪，精神状态极差。要不是必须上街买一点生活必用品，我一定还躺在床上。而临出门前，我没换衣服，连脸都没洗，却偏偏遇见了熟人，真是恨不得找个地洞钻进去。吴媛一见到我，便惊讶道："你怎么胖了这么多，好憔悴啊！"

我勉强笑了笑，问了一些她工作上的事情，目的是转移话题。吴媛却一个劲地大呼小叫道："我看你过得很不开心的样子，是不是和男朋友闹别扭了？"

我心里"咯噔"一下，不自然地说："我和他早分了。"吴媛一脸"我就知道"的表情："当初看见你们在一起，我就觉得这个男人不靠谱，想不到你们真的分手了……"

我的脸色越来越差。秦琳突然打断吴媛的话，笑着说："太阳好大，咱们站路边说话太热了，快进商场吧。"她将吴媛"拖"进商场，接着又和吴媛聊起了别的话题，成功转移了吴媛的注意力。我心里顿时松了一口气。临分别时，吴媛一定要我加入她们朋友间的聚会，见我一脸为难的样子，秦琳适时道:"她一定还有急事,别耽误人家的时间了……"

因为这件事,我认识了秦琳,后来还和她结为好友。和她相处得越久,越为她的善解人意所感动。尤其是在她为旁人解围时,原本普通的五官变得格外耐看起来,那温情的目光和充满亲和力的微笑被时光定格成一幅美丽至极的油画,时不时在我眼前浮现。

女人的高级感与她的情商息息相关。可在我看来,世人对"情商"二字有很深的误解。情商高,不单单是会说漂亮话,会来事儿。拿王熙凤来说,她是贾府里出了名的会说话、会办事,能言善辩,口吐莲花,"十个会说话的男人也说不过"。

可是,王熙凤真的情商高吗?非也。她虽然说话漂亮,开口前却很少替别人考虑,有时候说起话来无比尖利伤人。所以,会说漂亮话只是情商的表象。这样的女人纵然相貌美丽,也只会给人一种钻营、刻薄、肤浅的感觉。而懂得将别人放在心上的女人,时而温柔敦厚,时而机警灵巧,时而悲天悯人,那股天然的气韵和醉人的风度会瞬间征服他人的心。

以前学新闻时,我会反复研究《看见》这档节目。记得有一期柴静的某个举动曾引起一些争议,当时柴静正在采访受害者的父亲，隔壁突然传来一阵悲怆的哭声，是受害者的母亲。柴静的心揪紧了，她起身对着镜头说："我去看看，我去跟她说说……"

柴静并未允许摄像师跟踪拍摄，于是采访戛然而止。事后，柴静回忆说，她来到受害者母亲的身边，开口前，将手搭在了对方的手臂上，一个举动解除了对方的戒备心理。

柴静却想，如果是 20 多岁的自己，一定不会做这个动作，也许，她会手足无措，也许会"粗暴"地擦去对方的眼泪，机械地重复"不要悲伤，明天会更好"之类的安慰的话。年轻时的她，虽然有着丰富的语言技巧，却并不懂得体察他人的痛楚。

而更糟糕的一种可能是，她端着摄像机闯进去，不管不顾地拍下这个母亲崩溃的画面，或者残忍地打断她的哭声，继续追问下去。可这一次，她犹豫了，选择了一种静默无声的方式去安慰受害者母亲的心。于是镜头停止在柴静拉着受害者母亲的剪影上。

柴静解释说："我不想'消费'这件事。'进去'只是私人举动，没必要在镜头前强调和夸张。"年轻时，她可能用一种所谓的"高情商"的举动来取悦观众。年纪大了，她学会了换位思考，学会在别人悲伤的时候静静陪伴在对方身旁，以此宽慰对方的心。

蔡康永在某节目中表达过这样的看法："透过说话这件事，在于了解自己与别人的关系。""说话之道，是体会自己跟别人的关系，从别人的眼光看自己"。他其实是在告诉大家，只有懂得将别人放在心上，不敷衍别人的真诚，不消费别人的感情，才是真正的高情商。

那些活得高级、有智慧的女人说话极有分寸，她们从不做捕风捉影的事情，更不会随意干涉别人的隐私。她们会通过细心观察你的表情、举动来捕捉你当下的心声，并推己及人地体会你的情绪，感受你的立场，将善解人意诠释得淋漓尽致。

◎3

你的谦恭里藏着高贵的灵魂

《开学第一课》节目中，主持人董卿一袭修身长裙，恭敬地将她的采访对象——我国著名翻译家许渊冲老先生请上了舞台。

许老先生腿脚不便，全程只能坐在轮椅上接受采访。纵使董卿尽量低头，躬下身子，老先生也得抬头仰视她。见老人家费力的样子，董卿毫不犹豫，轻轻跪在了舞台上。她与老先生保持着仰视的角度，微笑着倾听对方讲述翻译事业的故事。

老人家回答完一个问题，董卿便站起身来继续主持，需要问的时候，再跪下去。短短三分钟里，她跪地三次，没有一丝尴尬，就这样跪着与老先生谈笑风生。我不禁赞叹道："董卿真是太美了，连跪地采访的姿态都很美，很优雅。"家人也深表赞同。

高尔基有句名言："智慧是宝石，如果用谦虚镶边，就会更加绚烂夺目。"越是涵养深厚的女人就越懂得谦卑做人、低调处事的道理，她们不因自身显赫的地位而沾沾自喜，也不因学问博雅而目空一切，反而处处虚心谨慎、礼节周到、务实诚恳。

而在现实生活中，那些喜欢展示优越感的女人很不讨人喜欢。她们自恃有几分姿色、见过一些世面就处优独尊，瞧不起他人，殊不知世人已看透了她们肤浅空洞的内心。

还有一种女人，将刻薄当真性情，将没教养当率真，用别人的难堪来凸显自我的"高贵"，那副嘴脸实在令人鄙夷。那天在网上刷到一个视频，视频中，某"著名"评委老师对待选手极其不尊重，某位选手因为重感冒发挥不好，她却怒斥道："你不要唱了，快滚吧！"

点开评论，大多是斥责、批判："评委没有羞辱他人的权力，你傲慢的样子，真丑！""学不会尊重他人，脸和身材保养得再好，读再多的书，拿再多的奖有什么用？"

杰出商界女性欧特克公司首席执行官卡萝·巴茨有句名言："最不该的就是太把自己当回事。"自命不凡的女人生得再美，能力再杰出，都难以获得他人的尊重。

行事谦恭的女人却自有一种独特的情韵及真正高贵的气质。人们总称呼英国王妃戴安娜为"平民王妃"，很多人据此以为她有着灰姑娘一样的出身。实际上，戴安娜的父亲是当时非常有名的伯爵，她出身的家族在当地也很有实力。但因为戴安娜本人性格谦恭，平日待人接物十分接地气，所以英国人民都很喜欢她。

曾收集过几张戴安娜的照片，照片中的她笑得沉静而腼腆。婚前，作为贵族少女的她却不愿无所事事地安享财富，选择去伦敦一家幼儿园做了一名保育员，那时候的她给人以清丽活泼的印象，待人和蔼可亲，周围的人无不被她的魅力所倾倒。

婚后，一跃成为高贵王妃的她亦不愿像其他王室成员一样端起架子、绷起面孔，但凡出现在民众面前，都笑如春风，亲切怡人。她的微笑从此被岁月定格，深深刻印在人们心中。

谦恭不是扭捏作态，它是一个女人内在品德和修养的体现。谦恭更不是自卑，它反而是一种高度自信的表现。谦恭更与旧社会里要求女性低眉顺眼、"三从四德"的那一套无关。它不是在要求女性压抑自我的个性，放弃身心的独立，而是从女性的性别特征出发，尽力放大其细腻、体贴、温柔的一面，用温文尔雅的态度给人带来最舒服的相处感受。

某年的世界文学论坛上，一位女子端坐在角落里，静静观察着众人。偶尔，她会与身边的作家们交流一下写作经验，语气谦虚，低调无比。

一位来自匈牙利的作家注意到了她，走上前问："请问你也是作家吗？"女子微笑道："应该算是吧。"对方一听，立马挺直了腰板，脸上浮现出一个优越感十足的微笑："哦？那你写过什么作品？"女子说："目前为止，我只写过小说而已。"

那位匈牙利作家更骄傲了："我也很擅长写小说，而且曾经出版过十多部畅销书，很受欢迎。"说完，他顿了顿，居高临下地问道："请问你写了多少部作品？"

女子眼神平和，笑容清浅："只写过一部。"对方语气中有了一丝轻蔑："哪一部？说说看，或许我曾经读过。再说我也可以给你提供些意见。"女子轻声回答："《飘》。"

那位匈牙利作家惊呆了，他没想到面前这个相貌平凡、很不起眼的女人竟然是大名鼎鼎的女作家玛格丽特·米切尔。想到自己的种种狂妄之语，他顿时无地自容……

盲目自大、过度傲慢会削弱你自身的魅力。所以，从现在开始，收起你的优越感吧！以礼待人，真诚平实，不仰望亦不俯视，做一个闪闪发光、具有谦恭品格的女人。

和风细雨地指出别人的错误

《欢乐颂》中，安迪在会议室里大发脾气，只因下属刘思明交上来的方案出现了严重的数据错误。安迪发现这件事后，顿时火冒三丈，当着所有人的面将刘思明狠狠地斥责了一顿，并命令他明天上午八点前必须给出一份修改版。

刘思明脸上红一阵白一阵，恨不得找个地洞钻进去。第二天早上，安迪按时来到公司，却被告知了一个坏消息：刘思明昨天夜里三点钟因为太过疲劳，突然昏倒。

相关媒体听说这件事后，一窝蜂来到安迪的公司采访。安迪非常自责，她想，如果昨天她的态度平缓一点，言辞委婉一点，就不会将事情闹成这样了。

安迪第一次怀疑自己是否太过强硬，不近人情。她的心里很不安，很难过。老谭将安迪叫进办公室，直言说现在局面很不好，媒体赶到现场时，正好看到电脑的页面上弹出一封安迪训斥刘思明的邮件，所以安迪的名誉可能会受到极大损害……看到这儿，我不由咋舌，一句疾言厉色的"你错了"和一顿不留情面、辛辣至极的批评居然惹出这么大的祸端！

生活中，我们都可能遇到这样的事情。千万别认为我们直言不讳地指出别人的错误，就能收获别人的感激，或直接解决问题。不，永远不会。你的态度越直接、严厉，越会激化矛盾。软弱的人可能就此一蹶不振，或做出一些过激的举动；性格刚强的人会觉得自己的智力、判断力、自尊都受到了严重的挑战，非但不改正错误，反而会变着法儿地反击你。

记得朋友映兰曾说："能用说话搞定的事情，就不要用发脾气的方式去解决。哪怕别人真的错了，也不要责骂对方，这只会让矛盾升级，其实是得不偿失的。"

的确，映兰是我见过的脾气最好、最优雅的女人之一。她总是笑眯眯的，说起话来轻言细语，让人感觉到浑身暖洋洋的。别看映兰如此随和，她其实是个外柔内刚的女强人，独自带着一支"硕果累累"的团队。她手底下人才辈出，却都对她心服口服，格外尊重。

映兰说，她也曾走过弯路。刚开始组建这支团队的时候，她压力极大，终日板着面孔。她不允许团队里的人出现任何失误，一旦谁犯了错误，除了在群里通报批评外，还当面将对方骂个狗血喷头。谁知团队的效率每况愈下，不久，一些得力下属纷纷辞职。

映兰冷静了好几天，终于明白问题出现在哪里：她的"弦"绷得太紧了，她的严厉与苛责反而破坏了整支团队的凝聚力。从那以后，她一改之前的扑克脸，恢复了温柔的本性，对谁都笑盈盈。下属工作上犯了错误，她不再当面批评，而是在背后委婉地提醒，语气平和，态度真诚。到了后期，她越是表现得和风细雨，那些犯错的员工便越是惭愧……

成年人的世界里，"你错了"三个字有着极其严重的破坏力。心胸再豁达的人，听到你当众"甩"出这三个字，恐怕都会自觉面子上挂不住。再加上你疾言厉色，咄咄逼人，只会进一步挑起他的逆反心理。于是，你的一切行为在他看来都变成了故意针对。

聪明的女人懂得优雅地指出别人的错误。首先，她们知道给别人指出错误不是为了挑毛病，也不是看对方不顺眼，试图打压对方，而是为了对方好，为了大家的利益考虑。所以，她们始终能用平和的心态去处理事情，避免使用负面评价。

其次，在她们看来，高声地指责或居高临下地说教只会引起对方反感，不如引导对方去发现自己的错误和正确的做法。正如诗人波普所言："你在教人的时候，要好像若无其事一样。事情要不知不觉地提出来，好像被人遗忘一样。"著名的物理学家伽利略也有过类似的观点："你不能教人什么，你只能帮助他们去发现。"

朋友总结经验说："想要优雅地指出别人的错误，我有个小秘诀，干脆别指出，让对方自己体会。都是成年人了，错没错，彼此心里都有数。"

高情商的女人都知道，温柔就是说话的"垫脚石"。所以，指出别人错误的时候首先得注意态度和语气，尽量将话说得轻柔一点，听起来和风细雨，而不要冰冷僵硬。其次注意场合和时机，最好在无人处进行，不要让对方觉得丢脸。

记住，告诉别人"你错了"并不是最重要的事，最好能给出真诚的建议。生活中从不缺少意见，而是缺少建议。光指出错误却提不出有效的建议，容易给人留下"杠精"的印象。提出建议后，也不要强迫对方接受，而要温柔地将主动权让给对方。

有一种情商
叫不拆穿对方的谎言

　　小时候看过一部国产剧，剧情包括主演是谁都已经很模糊了，我却始终记得这样一个情节：女主角和一群朋友匆匆赶去机场，她是第一次坐飞机，心情紧张却强自镇定。

　　大家你一言我一语地说起自己出国游玩的经历，问到女主角时，她愣了愣，脸微微发红。家境窘迫的她别说出国游了，从小到大她连游乐园都没去过。为了自己可怜的自尊心，女主角编造了一个梦幻的故事，故事中的她，早已见识过东京的铁塔和巴黎的浪漫风情……

突然，一个女孩面带讥诮地说："别吹牛不打草稿了，你看你连安全带都不会系，一看就是第一次坐飞机。"女主角睁大了眼睛，脸颊涨得通红，一行人哈哈大笑起来。

隐约记得那个拆穿女主角谎言的女孩在剧里担当着"白富美"的人设，貌美高挑。可这么多年过去了，我一想起那位女演员的脸，就觉她面目可憎。

家里有爱看戏的长辈，总将戏剧行里的一个词挂在嘴上："拆台"。意思是当众拆穿别人的"把戏"。长大后，我却将"看穿不拆穿，讨厌不翻脸"视为一句至理名言。

无论是老同学相见，还是朋友聚会，大家都爱凑在一起高谈阔论。她说自己的包包是限量款，托了熟人，花了好多钱，好不容易才买到的。明明知道那是淘来的高仿，却闭口不言，用一句"好难得，太漂亮了"成全她的虚荣。

他说自己最近工作上很拼，下班了就去努力健身。明明知道他的游戏账号连续登录了一个月，却点头微笑，并无视他一身油腻的肥肉，称赞他"看起来精神焕发"。

我绝对不允许自己随意拆穿别人的谎言，尤其是当着众朋友的面。因为我知道他们的那些小谎言无非是一时兴起，吹吹牛而已，基本上无伤大雅。

既然如此，又何必将别人的虚荣心暴露在阳光下，让对方颜面扫地？到那个时候，纵然别人狼狈不堪，你的姿态也好看不到哪里去。过于"真性情"，有时候是一种刻薄。

这个道理，是曾经的上司柳青告诉我的。那一年初入职场，我们这些小女孩都年轻气盛，看到不顺眼的人，遇到不顺心的事，总要拉住对方，说出个黑白分明才罢休。尤其是听到某些人公然撒谎的时候，一定会怒火中烧，当面直言。

柳青却淡淡地告诉我们："不要将整个社会视为自己的对立面，他人跟同事更不是。谁的眼里揉不进沙子，谁就寸步难行。情商高一点，没什么坏处。"

柳青是这样说的，也是这样做的。记得有一次，经理在晨会上问大家对刚接的项目有什么看法。一位叫周洁的主管率先发言，并滔滔不绝地说了十分钟。

我刚听几句，就知道不对劲。周洁的大部分观点都来自于柳青，记得前天我们两个部门一起聚会的时候，周洁曾向柳青请教关于新项目的一些问题。我正好在角落，听到了她们的对话。很明显，柳青的创意被周洁盗用了。一想到这儿，一股热血直冲脑门，我只想站起来当众拆穿周洁的谎言。柳青察觉到我情绪有异，一把拉住我的胳膊。

我只得忍着。周洁说完后，经理有点吃惊，问："这是你的 idea？太棒了。"周洁犹疑了一下，点点头。她坐下后，经理又点名柳青，让她谈谈自己的看法。

想不到柳青早有准备，她针对周洁的发言进行了全面的补充，一番话说得深入浅出，很有见地。她话音刚落，大家都鼓起掌来，领导看向她的目光也满是赞赏。

事后，我气鼓鼓地问柳青："怎么不当众拆穿她？你应该跟领导澄清那个想法本来就是你的。"柳青却笑着说："我和她共事这么久，对她好的、坏的地方都特别了解。她为人是好强了点，目前处境困难，所以急切地想接手这个新项目，这我都能理解。"

她顿了顿，说："但我欢迎公平合理的竞争，所以也很讨厌她的做法。可当时的处境是，如果我和她撕破脸，对我也没好处。经理不会关心这些，只会觉得我们事多，还可能因此事对我们都产生糟糕的印象，那未免得不偿失。所以，我选择按兵不动，顺水推舟。"

柳青那优雅从容的风度一直刻印在我的脑海里，她推崇的"看穿不拆穿"也深深影响了我，我慢慢明白，人生路途中，有些谎言只是无聊生活的"插曲"，是一种"点缀"，笑笑就过去了。如果你真要较真，就会让它们变成一个个伤疤，横亘在彼此心里，非常难受。

有些谎言反映了人性的缺点、弱点，它们的背后，也许是难以启齿的疼痛，也许是不为人知的窘迫，在不影响正义的情况下，能包容就包容。聪明的女人会让自己成为一个满怀同理心的旁观者，同时守好自己的本分，不让自己吃亏，也不特意给别人难堪。

何况，有时候我们没必要当众拆穿，乃至穷追猛打，闹得彼此都难看。巧妙地点一下，大家就知道是谁在撒谎。或者，委婉地提醒、"敲打"一下对方，让对方心里明白即可。

那些摇曳生姿的女人们，很少有"心直口快"的时刻。她们深知自己没必要做铁面无私的包公，对别人的谎言，看在眼里就好，这样才能省下更多的时间和精力投资自己。

巧妙化解尴尬，
神态自若显情商

希拉里有一次在拉斯维加斯一家酒店出席美国废品回收业大会时，被一位妇女当众扔鞋。当"不明物体"掠过上空，急速飞向希拉里的时候，只见她慌张地闪向一边，成功躲过这场"灾难"。当时的场面尴尬至极。

底下有人忍不住笑了起来。希拉里清了清嗓子，一本正经地问道："是有人朝我扔东西吗？这是太阳马戏团的部分表演吗？"现场爆发出一阵热闹的笑声。

希拉里又打趣道："天啊，我不知道固体废弃物处理问题那么具有争议性……幸好她（丢鞋者）和我不一样，她不打垒球！"此言一出，大家笑得更厉害了。尴尬的气氛一扫而空，希拉里接着之前的发言，镇定自若地说了下去，仿佛刚才的一切都未发生。

如何优雅地化解尴尬，真的是一门高深的学问。而那些睿智的女人总能自如地躲过那些尴尬时刻，仅用寥寥数语就能扭转场上的氛围。只因她们都拥有一个"撒手锏"——幽默。当她们"四两拨千斤"地化解冷场时，往往全程神态自若。

拿杨澜来说，她曾受邀出席北京奥运节能与新能源汽车示范运行交车仪式。席间领导接连上台讲话，谁料麦克风出现了一些问题，领导们一开口都哑然无声，场下观众面面相觑，不知道发生了什么。领导急了，使劲敲麦克风才能正常讲话。

杨澜见此情景，及时打趣道："这麦克风现在也和新能源汽车一样，是'混合双动力'，不光电动还要手动！"一句话令大家笑得前仰后合，现场气氛重新变得热烈而融洽。

幽默是有技巧的，冷场的时候，不是随便说一些不咸不淡的段子或粗俗的笑话便能扭转局面。前两天看一档综艺节目，一位女主持人为了活跃气氛，总是在少言寡语的嘉宾面前摆出种种不雅姿势，或跳一些粗俗的舞蹈，这般强行搞笑，却让气氛变得更尴尬了。

那些真正风趣的女人，懂得借助场合，看准时机，适时"甩"出充满智慧的话语，当下令人措手不及，每每回想起来都忍俊不禁。当一个问题浮出水面，一般人的做法可能是避而不谈，避免场面变得更尴尬。她们却能勇敢承认，然后巧妙接话，一举打破尴尬。

之前出席一场读书会，几位女作家与读者们分享阅读与写作的经验。一位读者大声嚷嚷道："刘老师，您说得太棒了，让我很受感动！但我还是觉得有点遗憾，因为我最喜欢的作家沈老师提前走了，我没拿到她的签名。"他的嗓门极大，引得现场一阵骚动。

主持人一看情况不对，赶紧试着转移话题。那位刘姓作家却幽默地说："你是看沈老师提前走了，才这么夸我的吧。有本事等沈老师在现场的时候再夸我！"

当场，我和其他人一起，为刘姓作家的机智与幽默鼓起了掌。如果当时她回避了这位读者的话，而不是接受对方的设定，承认问题，再巧妙接梗，气氛只会变得更糟。

在某些场景中，如果你觉得受到了刁难，不知道该如何回答，不妨"以彼之道还施彼身"，将问题抛给对方，以此打破尴尬的局面。美剧《了不起的麦瑟尔夫人》中，麦瑟尔夫人在化妆品柜台做柜员，有一位男士来到她面前，趾高气扬地问："你这儿有什么东西，用了之后能让我的妻子变得像伊丽莎白·泰勒一样吗？"

麦瑟尔夫人心里涌起无数不满，面上却依旧笑得热情，她望着对方，镇定地说："先生，您认为一个长得像伊丽莎白·泰勒的人，会回到像你这样的人的家里吗？"

她还找借口拿来那位男士的钱包，故意将钱包里的钱都拿出来，然后笑着说："至少现在你会觉得自己像娶了伊丽莎白·泰勒一样。"男士挠挠头，不好意思地笑了。

幽默无疑是掩饰尴尬的最好方法之一，除此之外，女人只要在关键时刻拥有足够的智慧和冷静的态度，巧用妙语补失言，也能有效避免尴尬升级。

学播音主持的朋友对我说，她很佩服上海东方卫视的知名女主持人袁鸣，在主持生涯中，她无论遇到多尴尬的事情都能神态自若地应对。她向我举了个例子，有一次袁鸣在海南主持一场盛大的晚会，因为时间仓促，她准备得不是很充分。

介绍参会嘉宾时，她这样说道："有请南新燕小姐……"谁料观众席中，一位白发苍苍的老先生站了起来。现场顿时响起一片窃窃私语，人人都在等着看主持人的笑话。

袁鸣定了定神，将老先生请上舞台后，她侃侃而谈，"哦，非常抱歉，是我望文生义了。不过，您的名字，让我想起了一句古诗：'旧时王谢堂前燕，飞入寻常百姓家。'非常充满诗情画意的美妙图画。今天，古老的京剧艺术也首次飞过了琼州海峡……"老先生脸上浮现出满意的笑容，观众们热情地鼓起掌来，被这位优雅机智的女主持人征服。

俗话说，言多必失，话说多了难免有失误的时候。可那些情商卓绝的女人无论何时都能保持镇定，她们能用幽默博你一笑，也能自如运用巧言慧语令现场的气氛升温。

朴素的语言，
具有天然的芬芳

　　作家林清玄曾说，那些颜色艳丽的花反而缺少芬芳，但是栀子、茉莉、玉兰等淡雅、纯白的花却天然地馨香四溢，隽永宜人。这是一位花贩告诉他的。由此，林清玄得出一个结论："人也是一样，越朴素单纯的人，越有内在的芳香。"

　　语言也一样，越是朴素真诚的女人，越拥有十足的感染力。她们不必做出夸张的姿态，不必堆砌华而不实的情绪，只简单地与你聊聊心事，谈谈未来，便能击中你内心深处最柔软的地方。感情便在这种洋溢着"天然芬芳"的交流中流转、升温。

陪母亲看了几集《等着我》，电视屏幕中的倪萍和坐在身边的求助者聊着一些琐碎的家长里短，笑容清浅，目光温和，十分和蔼可亲。母亲却感叹道："倪萍老了……"

母亲早已习惯了央视春晚的舞台上那个激情澎湃、端庄大气的倪萍，所以才对她在这档节目中如此"接地气"的表现很是诧异。可看着看着，母亲却抹起眼泪来，由衷赞叹道："这个节目中的倪萍，比以前更好了，说话更打动人了……"

我也不禁泪眼婆娑。节目中的倪萍没有刻意煽情，甚至不那么字正腔圆，可她用朴实的语言慢慢搭建起了一架沟通的桥梁，一直通往人们心里。她时不时说一些关于人生的朴素道理，深刻隽永，引得求助者和现场观众连连点头。

倪萍经常在不同场合提起自己的姥姥，这位平凡朴实的山东老人对她的人生影响深远。有次看《天天向上》的时候，嘉宾正好是倪萍，主持人汪涵问倪萍她的姥姥有着怎样的个性，倪萍笑着说，姥姥是个特别"中庸"的人，说话虽然朴实，却让人感觉很舒服。

慕名去买了一本倪萍记录、撰写的《姥姥语录》，时而被那些浅显直白又充满智慧的话语逗得哈哈大乐，时而又静默感叹，只觉得心中浊气被馥郁的芳香所替代，顿时轻盈无比。比如"爱越分越多，爱是个银行，不怕花钱，就怕不存钱""有些事能使使劲，有些事啊就使不上劲，天黑了，谁也挡不住""孩子，不怕，多黑的天到头了也得亮"……

朴素的语言中往往凝结着深沉真挚的情感，具有一股独特的清香。朋友曾传给我一个视频，视频中董卿正在吟诵俄罗斯田园派诗人叶赛宁的一首诗歌《我记得》："我记得，亲爱的，记得你那柔发的闪光；命运使我离开了你，我的心沉重而悲伤……"董卿充满魅力的声音配上这首意蕴深厚的诗，听得人似乎都要醉了。董卿说，《我记得》并无华丽的辞藻，却用最朴实的语言描述出了最深沉的爱情。

语言和其他艺术形式有着同一个目标：走入人心。然而，生活中很多女孩说起话来矫揉造作，要么胡乱使用一堆华丽的形容词，要么一味引经据典，伤春悲秋，可这种"假文艺"非但不能给人一种格调高雅的感觉，反而显得很低俗。

相对于那一套套美词、佳句或文艺范儿十足的话语，一句最朴实的语言反而能迸发出更令人震撼的力量，因为让人感动的永远是蕴含在朴素中的真情。它超过任何形容词，超过任何华丽的修饰。同样，那些真知灼见若能通过朴素的语言来传达，往往更能深入人心。

叶嘉莹先生的学生席慕蓉谈起早年间听先生讲课，虽然先生言语朴素，但"当她介绍李白的时候，李白就很骄傲地出来了；当她介绍杜甫老年的诗歌的时候，杜甫就真的老了"，那个"感发的力量"绵延刻骨，动人至深。

林肯竞选总统时，他的对手准备了一份用词十分华丽的演讲稿。轮到林肯演讲时，他却只说了这样一段话："我有一位妻子，一个儿子，都是无价之宝。此外，我租了一间办公室，室内放着一张桌子、三把椅子，墙角立着一个大书架，架上的书值得一读。我本人又高又瘦，应该不会发福。我实在没有什么可依靠的，唯一可靠的财产就是——你们！"这番话说得简单却情真意切，它最终征服了所有民众的心。

哲学家别林斯基说："朴素是艺术作品必不可少的条件；就其本质而言，它排斥任何外在的装饰和雕琢。"钢琴家霍洛维茨亦坦言："我用了一生的努力，才明白朴素原来最有力量。"平日与人交流的时候，不妨除去那些华丽的藻饰和那些虚伪的情感，凝视周围的人，让自己的遣词造句尽量变得平实，让自己的表达更具真诚的力量。

Chapter **6**

笃定从容，真正的优雅是在内心修篱种菊

01

泰然自若，
危机面前不慌不忙

　　清代魏子安在《花月痕》中写道："一朝失足千古恨，再回首已百年身。"遇事急火攻心时，往往不够冷静，易冲动，若能身处其中而泰然自若、从容应对，那真具有极其高深的修养。

　　俗话说："计划永远赶不上变化。"生活就是这样，到处充满着未知，你永远不知道下一秒会发生什么。所以就需要我们慢慢学会遇事泰然自若，在危机面前不慌不忙。生活就是用来帮助我们成长的，内心足够强大的女人只会在时光流逝的过程中越来越从容淡定。

在 2007 年《欢乐中国行》元旦特别节目中，接近零点时，现场突然出现了两分半钟的空当儿，导演马上安排董卿临时救场发挥。当董卿开始大方自如地自由发挥时，耳麦里突然传来导播的误判："不是两分半钟，只有一分半钟了。"

董卿连忙调整语序，准备结束语，而此时，耳麦里再度传来更正："不是一分半，还是两分半！"董卿临危不乱，走到舞台两头给观众深深鞠了两躬，用"欢乐的笑""感动的泪""奔波的苦"等诸多排比句即兴创作了一个又一个悦耳动听的"感谢"。肢体停顿让她在紧急中控制住了节奏，加上流畅的语言表达，铸就了这个"金色三分钟"，这也成为主持学上一个完美的案例。

面对这种危机董卿依旧沉着冷静，这种淡定从容的自信来源于她自身的能力。董卿在成为央视当家主持人后也没有骄傲，而是坚持读书，坚持学习，不断提升自己的实力，做出了《朗读者》等更多优秀的节目。

在危机面前不慌不忙、泰然自若的女人总能在暴风雨来临之时坦然面对，她们从不苛求，也从不盲从，总是有条不紊地让生活朝自己想要的方向发展。

综艺节目《天使之路》中有让人印象特别深刻的一幕，

蒋浩玲在第一期节目中去见几位面试官的时候摔倒了，但是她很快站了起来，并幽默地说："其实我是故意的，这样你们就能在这么多人中记住我。"面试官都笑了，她果然留了下来。面对危机时，不骄不躁的女人运气都不会太差。

女人不慌不忙的样子是最美的，她们的内心总是波澜不惊，无论环境多么恶劣。《跟着贝尔去冒险》中，张钧甯的表现让人感到很惊喜也很意外。大家都以为她会是娇小柔弱的被保护对象，但是她在节目中展现出来的完全是独立坚强的那一面。

节目中的环境特别恶劣，在大自然的严酷折磨下，大家都濒临崩溃的边缘，想要放弃。张钧甯却一直保持乐观的心态，勇敢地克服困难，并且不停地鼓励大家。

她的坚持和挑战自我的精神打动了所有人，她永远是微笑的样子，从不抱怨也从没有拖后腿。连贝尔都很佩服她："如果现在一定要我从男生、女生中选出一个人，我可能会选张钧甯。她很强大，很坚定，总是保持笑容，不管有多么艰难，始终咬牙坚持，总是有勇有谋。她真的很棒。"

处事不惊、遇到恶劣事件不吵也不闹的女人只会越来越强大，她们会坦然面对意外，无惧将来可能会发生的坏事。

即便生活有风也有雨，面对危机从容不迫的女人也永远不会
丧失挑战的勇气。

我的上司刘曦，我从没见她流过泪、发过火，她总是微
笑着，每次我们遇到解决不了的事情她都会帮忙。

一次我们去杭州见客户，新来的实习生把U盘落在了酒
店，但是会议马上就要开始了，回去拿根本来不及了。上台
汇报的同事急哭了，实习生见状连忙道歉，随后也哭了起来。
我们一群人急得焦头烂额，根本不知道该怎么救场，PPT上
的内容没有一个人能完全记住。刘曦走了过来说："是项目失
败了还是怎么样，还没开始你们怎么就哭了，都把眼泪擦干
净，这么点小事也值得哭？"

那次项目谈成了，刘曦亲自上阵。她把产品所有的细节
都记得清清楚楚，语言流畅极了，就好像面前有提词器一样。
我们在下面听得目瞪口呆，客户对她的介绍也特别满意。我
们私下连连称赞这才是大家风范，这就是为什么她是上司而
我们是"虾兵蟹将"的原因了。

泰然自若的女人总是拥有成熟的心智，积极的生活态度，
即便前方荆棘密布，她们也总能披荆斩棘，勇敢面对；泰然
自若的女人总是充满智慧的，她们懂得取舍，懂得知足；泰

然自若的女人总是崇尚简单的生活，不爱慕虚荣，不喜欢张扬，更多的是追求一份内心的平和。

　　愿每个女人都能在不慌不忙的生活中逐渐成长，也能忙里偷闲，给自己一些放松的时间；尽管身居斗室，也能拥有几本读起来修身养性的书籍。随着时光的流逝，希望你们保留下来的都是温婉与从容。

不炫耀，
是一个女人的自信和涵养

刷朋友圈的时候经常刷到这样的人，总是什么东西都能拿出来炫耀一下。新买的衣服、鞋子、出国旅游的行程、老公的丑照、孩子的成绩，有些人甚至一日三餐都要晒出来。

往往是一个人越炫耀什么，就越缺少什么。真正自信的女人根本不需要用这样刻意的手段告诉别人自己活得很好，她们内心富足，从一举一动上就能看出她们的优雅和涵养。

只有极度不自信、缺乏安全感的人才会到处炫耀自己，生怕别人不知道她有什么，只有时刻炫耀才能让她找到存在的价值。

　　以前和几个女生一起合租，一个叫钟灵的女孩子总是特别爱炫耀。我们周末休息经常一起出去逛街购物，钟灵每次都要发朋友圈并配文说这是自己的战利品。

　　钟灵是个小主持人，参加车展、商业会演之类的活动，收入还算可以。但是她无时无刻不在炫耀自己，一次我们几个出去吃饭，她就跟我们说自己主持今天那场车展的过程。她越说声音越大，说到搞笑的地方就故意笑得很大声，隔壁几桌客人都用异样的眼光看着我们。于是我们纷纷借上洗手间的理由逃开了，她也看不出来，等我们回来又继续说，那顿饭吃得特别尴尬。

　　她做得最过分的一件事是，一起住的一个女孩在网上买了一条连衣裙，衣服到的那天女孩试穿给我们看。大家都称赞女孩穿着很好看，钟灵却坐在沙发上说："网上的衣服是给人穿的吗？你要是实在没钱买衣服就穿我的吧。"她可能只是在向我们炫耀自己衣服很多，但是这句话实在太过刺耳。女孩第二天就搬走了，我们也开始渐渐疏远钟灵。

　　有句老话说得好："越是招摇，越会成为众矢之的。"生活中有很多钟灵这样的人，为了展示自己的优越感不惜伤害别人的感情，于是身边的人都开始疏远他们。只有那些心里没底的人，才喜欢张扬，想得到更多的关注。而真正有涵养的女人永远内心丰盈，知道人情世故但是永远不世故，也从不刻意炫耀。

杨绛先生一生过得都很节俭。40 多年来一直住在 80 多平方米的旧房子里，家里铺的是水泥地，最多的东西就是书。钱锺书去世后，她将丈夫钱锺书的稿费全部捐给了母校清华大学。2016 年杨绛先生去世之前，把自己的稿费也全部捐给了清华大学，接近 2000 万元。

先生说过这样一句话："我们曾如此渴望命运的波澜，到最后才发现，人生最曼妙的风景，竟是内心的淡定和从容。我们曾如此期盼外界的认可，到最后才知道，世界是自己的，与他人毫无关系。"

电视剧《我的前半生》中，罗子君没离婚之前很爱炫耀自己，逛商场时瞧不起售货员，总是冷言冷语地嘲讽她们。而那些售货员并不因为她有钱就尊重她，只是觉得她像暴发户一样没有内涵。她的闺蜜唐晶则恰恰相反，虽然是事业上的女强人，但是从来不会刻意炫耀自己，反而得到大家的尊重。

女人，应该保持一份自信和涵养，不为一点小小的优越感而沾沾自喜，努力提升自己的眼界和见识，让自己的人生之路更加宽阔平坦。有这样一句格言："流星一旦在灿烂的星空开始炫耀自己光亮的时候，也就结束了自己的一切。"所以聪明的女人只会把成就放在心里而不是朋友圈，更不会把它作为炫耀的资本。

其实根本没有人愿意听你炫耀，以炫耀为生的女人，只会在虚荣的道路上越行越远，身边真心的朋友也会越来越少。女人最值得炫耀的是自己的内涵，而不是身上的名牌。

正如亦舒所言："真正有气质的淑女，从不炫耀她所拥有的一切，她不告诉人她读过什么书，去过什么地方，有多少件衣服，买过什么珠宝，因为她没有自卑感。"

03

真正活得高级的女人，
往往很享受寂寞

　　身边不止一个女朋友跟我说过，说自己最讨厌一个人的
生活，尤其是自己待在家里的时候，不得不与空气和影子对
话。于是她们总是用各种聚会或者谈恋爱来填满自己寂寞的
生活，她们说只有在跟有"人气"的东西在一起才不会感到
孤独。

　　其实很多时候她们并不是害怕寂寞，更多的是害怕面对
自己。这样的女人不在少数，因为内心的空虚而感到孤独，
从而产生一种强烈的不安全感。但是当一个女人真正学会了

独处，适应了寂寞，就会发现这世界上最美好的事情就是自己一个人静下心来思考。

"传媒女皇"奥普拉·温弗瑞说过："所有那些独处的时光，决定我们成为什么样的人。"

奥普拉曾在她的《我坚信》中写过独处给自己带来的好处："当我还是个小姑娘时，我曾很期盼教堂礼拜后有客人来我外祖父母家里。他们离开后，我便很害怕与外祖父母独处。我的外祖父已经老态龙钟，而外祖母时常精疲力竭又毫无耐心。我是方圆几英里内唯一的孩子，所以必须得学会自己待着。我发明了各种新方式来与自己独处。我有书、有家里缝的洋娃娃、有家务活，我还常常给农场里的动物起名字，跟它们说话。我坚信，所有那些独处的时光对决定我成为什么样的人极为关键。"

所以奥普拉是当今世界上最具影响力的女性之一，主持的电视谈话节目《奥普拉脱口秀》，平均每周吸引3300万名观众，并连续十六年排在同类节目的首位。

一个真正高级的女人从不害怕和自己相处，也从不害怕房间太过空旷，因为她永远有很多自己喜欢的事物用来打发时间。而且独处的时候，可以静下心来思考、放松，这时候不需要考虑任何不相干的人和事。在享受寂寞的同时，你也可以拥有最完整的自己。

享受寂寞、喜欢独处的女人往往思想都很独特。因为她们生活圈子有限，不爱交际，于是她们有更多属于自己的时间。一个人的时候她们可以读书、烹饪、运动、赏花、听音乐……总之她们总有办法把自己填满，一点一点提高自己的生活质量，沉浸在属于自己的美好时光中，越活越高级。

享受寂寞、喜欢独处的女人时刻都能保持清晰的思路。社会上存在很多诱惑，只要踏入社会就会面临各种各样的抉择。所以有时候生活在自己的小圈子里未尝不是好事，至少她们能保证自己不被世俗污染，永远能做出最适合自己的选择。她们从来不会搬弄是非，只因她们的心灵深处总有一方净土。这样的她们，在别人眼里总有一种特别的高级感。

享受寂寞、喜欢独处的女人格外坚强。有的人说独处的人都很孤独，其实不然，独处不是代表孤独，而是代表着坚强。一个人独处惯了就会减少依赖性，会变得更加果断，这一点是普通女人做不到的。而且长时间一个人生活，她们就会渐渐明白，世界上没有什么比自己更可靠的人了。一个人吃饭、看电影、逛街、旅行……这些事情或许在外人眼里很奇怪，但是只有她们自己知道，这种感觉无比自由。

徐静蕾不仅是演员，也是个导演，还是北京电影学院的教师，在多个角色之间都很平衡，就是因为她喜欢和自己独处。她喜欢称自己为手艺人，一个人的时候她最喜欢做手工，一针一线地缝一些小玩意儿。她默默地积蓄力量，从不急功近利。在寂寞的人生中和自己相处，还能久处不厌，就是最好的生活状态。

我喜欢安静的女人，她们身上总有一股特别的力量。就像周国平说的："独处是一种能力，并非任何人任何时候都可以具备。"

在伤心难过的时候，与其跟别人诉说，不如给自己一点享受寂寞的时光，在安静中慢慢平息自己的悲伤。你会发现这比任何人给的任何安慰都更有用，你可以趁机反思自己，沉淀一下浮躁的心，重新出发。

作家马德说："一个人的灵魂，只有在独处中，才能洞见自身的澄澈与明亮，才能盛享到生命的葳蕤和蓬勃。"

叔本华也曾说过："只有当一个人独处的时候，他才可以完全成为自己。谁要是不爱独处，那他也就不热爱自由，因为只有当一个人独处的时候，他才是自由的。"

04

精神独立，
不做攀缘的凌霄花

读过舒婷的诗《致橡树》："我如果爱你——绝不像攀缘的凌霄花，借你的高枝炫耀自己……我必须是你近旁的一株木棉，作为树的形象和你站在一起……我们共享雾霭、流岚、虹霓……"

1975 年，舒婷在陪归侨老诗人蔡其矫散步时，蔡其矫向舒婷说起他这辈子碰到的女孩。他说漂亮的女孩子总是没有才气，有才气的女孩子又不漂亮，又漂亮又有才气的女孩子又不温柔，他觉得很难遇到一个十全十美的女孩。

舒婷听完之后很生气，觉得蔡其矫的想法太过大男子主义，她认为男女应该平等。于是，当天晚上她就一口气写下了这首诗。把诗交给蔡其矫后，没想到他反而很喜欢这首诗。

许多人都说女人必须要有一份属于自己的事业，保证经济独立。但是我认为保证精神独立才更重要。女人的独立不能只是单方面的独立，而是要从精神上完全做一个独立的人。在物质生活可以自给自足的情况下，思想上、精神上也能充分独立，才是一个女人最好的状态。

尤其是在爱情面前，最好能做到像舒婷所描述的那样。我如果爱你，绝不做攀缘的凌霄花，而是两个人以同等的形象站在一起，相互扶持但也是相互独立的两个个体。不是女性一味地依附在另一半身上，最后失去自我。

《何以笙箫默》里有这样一句话："女人找男人一定要擦亮眼睛，有没有钱不重要，但一定不能苦了精神，那样婚姻一辈子都在痛苦中。"

2016 年 3 月 5 日，中国《反家庭暴力法》正式启动的第五天，长期遭受家暴的医生张晓燕，带着满身的伤痕死去。死亡原因是乌头碱中毒。

张晓燕从医科大学毕业，当了几年医生之后自己开了一家诊所和药房，在所有人眼中她都很完美，是个女强人。她长得也很漂亮，是家里唯一的经济来源，还要给丈夫黄学通还债。一儿一女全是她一个人负责，每天家、诊所、孩子学校三点一线。

她什么都靠自己，可还是被家暴。2013 年她和丈夫离婚，但是离婚之后继续生活在一个屋檐下，家暴还是没有停止。她不报警、不求救，担心被别人知道就想尽办法掩盖伤痕。她一切都很独立，唯独精神不属于自己，最终年仅 34 岁就走向了死亡，实在令人惋惜。

女人至少要保证精神上的独立，这样才有可能活出自己喜欢的样子。命运的罗盘要掌握在自己的手里，凡事要有自己的见解，而不是完全听从别人的指挥。要学会独立思考，多学习，丰富自己的精神世界，独立的思想总是能让你散发出更迷人的魅力。

前段时间孙俪主演的电视剧《那年花开月正圆》中，她饰演的周莹聪明、睿智，但是她特立独行的性格在那个年代可以说是离经叛道了。不过她从不在意别人对她的评判，做事情总是有一套自己的方针，最重要的是她一直知道自己最想要的是什么。

可以得到那么多人的喜欢，也是因为她不同于那些大家闺秀。她敢于质疑权威，遇到不公平的事情就奋起反抗。她永远保持头脑清醒，精神独立，从不会屈从于任何人，于是生意越做越大。

精神独立的女人，自己就是最独特的风景线。好女人就是应该做自己的精神贵族，可以温柔似水也能独立自主，收获属于自己的幸福。

看完电视剧《归去来》后有很大的感悟，看似一部爱情偶像剧，实则是这个时代的年轻人对自己精神世界的重塑。结局几集女主角萧清作为"成伟案件"的关键控方证人，一方面是正义，一方面是爱情和友情，这是对她步入精神独立最后的考验。父亲对她说："你可以选择作证，也可以选择不作证，不论你选择哪一个，我都尊重你的选择。"

当她出庭作证的那一刻，她就已经选择了正义，看似不可理喻，但展现了当代青年的执着和对正义的坚守。我们每个人做事情都有自己的私心，做不到万全纯洁，但是至少要有分辨是非曲直的能力，这才是精神独立的第一步。

一个精神独立的女人是不会随波逐流的，她会选择站起来反抗生活带来的苦难，而不是被困难所麻痹。无论别人怎么想怎么说，都应该有自己的生活方式。往后还有很长一段日子，要给自己一个安全的倚靠，但这种倚靠绝不是单纯的婚姻或者亲人、朋友，而是自己精神上的独立。

精神独立是女人最可靠的保障，希望所有的女人都有独立自主的一面，精神富足，不做攀缘的凌霄花，自己站在那里也可以撑起一片天。

05

对自己不喜欢的人，
脸上也要带着笑

网上有一位网友问："如何和自己讨厌的人相处？"网友描述说，自己很不喜欢一位同事，嫌她到处说别人坏话，嫌她玻璃心。虽然这位网友得和同事天天见面、朝夕相处，但她无时无刻不在心里骂这位同事，始终难以压抑自己的情感。

一个高赞回答中提到高晓松说过的一个"玄学理论"，让我印象深刻。这个理论大致是这样的：无论你身处怎样的圈子，遇到不喜欢的人的频率是基本相同的。即使你屏蔽了这一个，一定会有新的补上来。所以，我们得学会适应有不喜欢的人存在的环境。

生活中，那些聪明的女人，哪怕面对自己不喜欢的人，也能保持平和的心态，面上始终带着笑意，让你不得不佩服她的涵养。

同事雨荷便是这样的人。她曾经因为一位同事的诬陷，失去了一个难得的升迁的机会。办公室里的人知道那位同事的卑劣行径后，越来越讨厌她，如果没有必要都不想和她说话。而雨荷作为最大的受害者，却能自然地和她相处。

电梯里遇见了，她能微笑着和那位同事打招呼；交接工作的时候，发现那位同事工作上有了失误，她会及时指出。我们曾劝雨荷离那位同事远一点，不要对她太好，雨荷却笑着说："放心吧，我不过是在做我的本职工作而已，像这样的人，我不得罪，也不会深交。"

时间久了，真相慢慢水落石出，公司里从上至下提起雨荷都会竖起大拇指，赞不绝口。那位同事却变得越来越沉默寡言，最后悄悄辞职了。

内心需要多大的能量去支撑，才能让你做到对不喜欢的人笑脸相迎？除此之外，你还得拥有足够的忍耐力、足够的底蕴与修养。这样的人生态度，值得用"高级"二字来形容。

以前很喜欢看杨澜主持的节目，看多了发现一个现象。有时候杨澜和另外一位女搭档一起主持，杨澜始终谈笑风生，笑得真诚。她的搭档却只在开场时生硬地说几句话，之后就一直冷着一张脸，无所事事地待在一旁。后来杨澜的搭档在另一档访谈节目中吐露心声，她说自己和杨澜一起主持的时候，如果遇到了那种很令人讨厌的嘉宾，她就拒绝采访。

提起杨澜，她一脸敬佩的表情，并强调杨澜是个包容心很强的人，哪怕不喜欢对方，也能保持风度与礼貌，脸上一直挂着美好温煦的笑容，而她就做不到这一点。

如何与不喜欢的人相处？首先你一定要接受一个事实：每个人都是独立的个体，很难拥有相同的价值观。哪怕我们不认同，也要学会尊重别人的做事方式，做到对事不对人。

其次，想一想，你为什么讨厌他？这个问题出现在你身上还是对方身上？有没有可能是你自己的原因呢？以前入职一家公司时，上司让我和另一位刚入职的女孩一起处理一个项目。女孩叫宁楚，是个不折不扣的美女。第一次见面时，我便被她的美貌镇住了。

我向她打了个招呼，她却不冷不淡地"嗯"了一下。这让我产生了一种"热脸贴冷屁股"的感觉。我认定她是那种性格高傲的美女，除了工作上的事宜外，私下从不联系她。

可合作次数多了后，我慢慢发现，其实宁楚是个外冷内热的女孩，为人真挚、善良，而我之前对她的那些不喜欢都是刻板印象造成的。我其实陷入了一种"晕轮效应"，这指的是认知者常常会根据某个人的某项特征，或某件细小的事情对对方形成好的印象或坏的印象。这种认知上的偏差所带来的厌恶的情绪，一定会影响我们的判断。

如果你确定对方为人不地道，你很不喜欢，又该如何处理呢？

1. 训练钝感力，保持平常心。读渡边淳一的《钝感力》，牢牢记住了一句话："不要对日常生活太过敏感。和什么样的人一般见识，你也就是什么水平。"

很多人讨厌一个人就会表现得很明显，将关系闹得很僵。可是对那些讨厌却避不开的人，彼此间关系太僵自己心里也不会好受。不妨看开一点，从容面对。

尤其是在职场中，女人对不喜欢的人所表现出的态度完全能体现出她们的职场素养。如果事事和对方斤斤计较，明里暗里地和对方过不去，只会让领导觉得我们心眼太小，不堪大任。倒不如将微笑挂在脸上，努力尽到自己的本分，这反而能彰显你的大气与从容。

2. 不提建议，不背后论人是非。对于那些职业素养低下、私德有亏的人，没必要苦口婆心地给他建议。这是在白费力气。更不要在背后议论他的是是非非，一来会给人留下"长舌妇"的坏印象，二来世上没有不透风的墙，若是得罪了这样的人可能会引来很多麻烦。

那些聪明的女人还会将不喜欢的人视为一面镜子，时刻反思自己的行为，避免自己也成为这样的人。她们习惯了用和善的微笑来化解内心的戾气，于是越活越自在、从容。

很多事，
你不欠任何人一个解释

从小到大，我们要做什么，该怎么做，每个人对此都会有不同的看法，于是我们总是要想出各种理由来回答不同的人。虽然对别人提出的疑问进行解释是一种最基本的礼貌，但有些事情其实跟他们根本没有关系。

看过 Lisa Chen 写的一篇文章，其中说一生有十五件事，你是不需要向任何人解释的。其中第十点"不必解释自己选择事业还是家庭生活"，其实是我们平时解释最多的一个。

"有没有男朋友啊？""什么时候结婚啊？""女孩子事业心

别那么重，家庭更重要。"每次一回家就要面临七大姑八大姨的这种狂轰滥炸，总是要绞尽脑汁才能想出一个合理的解释。

其实什么时候结婚，结婚之后什么时候要小孩，生完小孩之后是选择在家照顾孩子还是继续出去工作，这些都是我们自己的生活。我们所做的每一个决定都是经过自己深思熟虑的，人生是自己的，跟任何人都没有关系，我们不亏欠任何人。从现在开始拒绝解释，集中精力只对自己的人生负责。

清华大学最年轻的教授颜宁，过着令所有女人羡慕的生活。30 岁时她是清华大学的博导、教授，37 岁时，她率领平均年龄不到 30 岁的团队成功攻克了困扰结构生物学界半世纪的科学难题。

到今天她已经四十几岁了，被问得最多的一个问题是为什么还不结婚。这个话题总是热度不减，她后来公开表示："我不结婚，我不欠谁一个解释。"

我们每天都在认真生活，离开家一个人出来打拼，看过凌晨一两点钟的城市，也看过清晨五六点钟的太阳。我们可以凭自己的双手吃饭，用尽全身的力气努力过上理想中的生活，这是对所有的一切最好的解释。所以对于那些与他人无关的事情我们不需要向任何人交代。

　　以前有句很流行的话:"解释就是掩饰。"更多时候,什么都不说就是最好的解释。美国《探路者》杂志的记者格雷·贝克曾经做过一个很著名的采访,接受那次采访的是意大利的三个被当作"精神病患者",而且在疯人院里被关了二十八天的正常人。

　　负责运送精神病人的司机不小心让三个精神病患者跑掉了,为了保住工作,他在一个巴士站表示可以让别人免费搭车,结果这三个正常人就被司机送去了精神病院。采访的最主要的目的是想了解他们是怎样证明自己是正常人并走出精神病院的。

　　甲在采访中说,他想证明自己没有精神病,于是对医护人员说地球是圆的。他认为说真理的人不会被人当作精神病,可是当他第十四次说这句话的时候,有人在他的屁股上打了一针。

　　乙接受采访时说他和甲是被丙救出来的,丙成功走出了精神病院并报了警。乙说自己也想过自救,他告诉医护人员自己是社会学家,美国前总统是克林顿,英国前首相是布莱尔。当说到南太平洋各岛国领袖的名字时,屁股就被打了一针。

　　丙什么话也没说,每天该吃饭就吃饭,该睡觉就睡觉,有人帮他刮脸时他会说谢谢。第二十八天的时候，他被放出了精神病院。

记者格雷·贝克在评论里发表这样的感慨："一个正常人想证明自己正常是非常困难的。也许只有不试图去证明的人，才称得上是一个正常人。"

更多时候解释自己看上去是最容易消除误会的办法，但是往往解释得越多越容易遭到别人的质疑："解释这么多是因为你心虚吗？"每个人的价值观都不尽相同，有时候不解释反而会让生活变得更容易一些。

懂你的人不需要你解释也会理解你，而不懂你的人，你的解释无疑会越描越黑。无论你活得多么纯粹，在不懂你的人眼里你还是复杂世故。无论你多么善良，在不懂你的人眼里你就是最恶毒的人。哪怕你完美无瑕，也无法阻止别人无理由地讨厌你。

所以有时候不必在意别人的看法，只要你坚守初心，即使不解释，也会有人懂你。就像大山从不解释自己的高度，但它依然高耸入云；大海从不解释自己的深度，但它依然容纳百川；大地从不解释自己的厚度，但它依然孕育万物。优秀的人从不需要解释自己，行动自会证明一切。

07

不畏惧风雨，
在逆境里修炼一颗从容心

　　人生的道路从来就没有一帆风顺，而是崎岖不平，充满坎坷的。一辈子总要遇到一些风雨和逆境，而那些不畏惧风雨，在逆境里修炼一颗从容心的女人，就是生活最大的赢家。我们生活在这世上，虽然不能达到看破红尘的境界，却可以修炼一颗从容的心。面对逆境时不要只想着逃避，要不断告诉自己："没关系，没有什么过不去的坎。"要相信苦尽甘来，如果没有经历苦不堪言的磨难，又怎么会有云淡风轻的从容呢？

一个能从容应对生活中的大风大浪的女人，内心世界必定十分丰盈。她们从不会因为挫折而放弃对美好的向往，无论遇到什么事情都不会让自己沉沦，而是坚持认为前方不远处就是绚烂的彩虹。

在书上看到过这样一个故事：一个厌倦了与生活抗衡的女儿，对父亲抱怨自己的艰难。于是这位做厨师的父亲就把女儿带到了厨房，分别在三个锅里煮了胡萝卜、鸡蛋、粉状的咖啡豆。

女儿不明白这意味着什么，父亲解释道，这三样东西面临同样的逆境——煮沸的开水，但反应各不相同。胡萝卜入锅前是强壮的、结实的，但进入开水后，它变软了；鸡蛋原来是易碎的，它的外壳保护着它液体的内脏，但是经开水一煮，它的内脏变硬了；而粉状的咖啡豆则很独特，进入沸水后，它们反倒改变了水。

父亲教给女儿的道理应该是每个女人的必修课，在面临逆境时做一颗咖啡豆，不要因为弱小就选择放弃反抗。正因为弱小，所以才要绝地反击，从容不迫地应对。让生活围绕自己展开，而不是被生活所掌控。

从容是一种豁达的人生境界，是内心深处的涵养。成功之后不骄不躁，失败之后也不哭不闹。从容是一种开朗的人生智慧，是灵魂深处的优雅。为人处世谦虚大度，遭遇低谷积极乐观。从容也是最坚韧的意志力，是每个人都应该学会的人生态度。只有淡定从容，才能在逆境来临时镇定自如，才能做到泰山崩于前而色不变，麋鹿兴于左而目不瞬。

世事无常，有时看花开花落，云卷云舒，也是一份从容。我们需要用一颗淡泊宁静之心，顺其自然地生活，做一个如菊花般淡然从容的女子。

在浮躁的世界里，
不焦虑地生活

　　前段时间《延禧攻略》热播，睚眦必报、敢爱敢恨的魏璎珞一时间火遍大江南北。于是网友开始劝所有女性朋友学习魏璎珞敢爱敢恨的性格，更有甚者扬言"生女儿就要养成魏璎珞"。

　　但是这部分人忽略了魏璎珞为了给姐姐和皇后复仇，做出了很多与自己天性不符的事情。为了复仇她变得不择手段，变得不相信任何人。做一些迫不得已的事情并不是女人最美的样子，她再也不是那个无忧无虑的魏璎珞了。

这背后折射出来的事实其实就像现代女性的焦虑心理，魏璎珞为了复仇不得不让自己变得心狠手辣，她的大多数时间都被用来想方设法地快速达到目的。她本该快乐、没有烦恼地度过一生，可是仇恨蒙蔽了她的双眼，于是她的生活除了复仇再无其他。

其实现在这个快节奏时代的很多女性都活出了魏璎珞的样子，总是被焦虑症折磨着，嫌时间过得太快，嫌钱赚得太少，信息更是多得看不过来。有研究表明，现代人一天接收到的信息量已远超原始人一生所获得的信息量。

《杨澜的私人书单：Big Girl 养成记》是杨澜根据自己的阅读体验特别为女性朋友制作的节目。在采访中杨澜曾表示，所谓"Big"其实是一种格局和视野。身在传媒领域，她希望当代女性不要被焦虑绑架，以焦虑的状态生活非但不能享受社会的多元化，反而会让女性变得更狭窄。同时希望无论哪个年龄段的女人内心都有一个女孩，始终保持初心。

我们的生活每天都充满着变化，早上一个 90 后创业成功，中午又有哪家公司上市了。总有很多人一夜成名，金钱事业双丰收。而一想到自己连买一支名牌口红都要再三犹豫，我们就开始变得焦虑，迫切地希望自己也能一夜暴富。打开朋友圈，到处都是这一类的文章:《26岁，月薪一万，吃不起车厘子》《摩拜创始人套现15亿：你的同龄人正在抛弃你》……

于是你更加焦虑，让自己忙起来，除了努力赚钱，其他事情一律没时间。但是从来没有停下来问问内心，这真的是自己想要的生活吗？你只是一味看着媒体的鼓吹：某某农村小伙，半年时间身家过亿；某某大学毕业生，送快递送出新人生……不得不承认这些事情的确有人做到了，但是媒体只会报道他们的成功，背后付出了多少辛苦却无人能知。

读过蒋勋老师的《生活十讲》《品味四讲》，书中有这样两句话："一个唯利是图的社会，每一个人都会在物化自己与他人的过程中成为受害者。""忙是心灵的死亡。活得像个人，才能看见美。"

蒋勋老师被称为"美的布道者"。他说："浪漫是什么？浪漫就是浪费时间。浪费时间慢慢走，浪费时间慢慢喝茶，浪费时间慢慢吃饭，浪费时间慢慢思考……"

他用最温暖的文字，治愈着浮躁世界里焦虑的人心，教我们做一个内心平静的人，好好享受当下。一个人安静地在充满阳光的午后，读一本书、喝一杯茶、看一场电影。别总是拿自己跟别人比较，也不要总是光幻想不行动，这样你只会更加焦虑。闲时给自己定一个小目标，完成之后再定下一个，慢慢你就会发现自己越变越优秀，焦虑的情绪也会随之退去。

刘若英在《我敢在你怀里孤独》一书中讲过这样一件事：儿子出生之前她有点焦虑，甚至忧郁，她不知道自己能不能成为一个好妈妈。她的先生知道后，什么都没说，只是请她帮忙做午饭。于是她转身进入厨房，开始集中精力做饭，坏情绪也逐渐消散了。

在焦虑的时候，不要立刻找别人安慰自己，你要学着自己消化坏情绪。比如享受当下，专心地做一件小事，那时候你会发现你根本不会再想令你焦虑的事情了。

这个世界很浮躁，我们都要学会在浮躁的世界里，做一个不焦虑的女人。不执着于过去，也不焦虑未来，过去的就放下，面对未来的未知就好好享受现在。专注于自己的内心，才能遇到更好的自己。

Chapter 7

仪态万方，你也能拥有女神的高级感

01

不需要开口，
走几步路别人就能知道你的品位

 犹记得 2016 年里约奥运会开幕式上，超模吉赛尔·邦辰一上场，现场很多观众都惊叹起来，目不转睛地凝视着舞台上那抹靓丽的身影。屏幕前的我，也不禁眼前一亮。

 邦辰身穿一袭银色长礼服，踏着稳健、有力的步伐，沐浴着炫酷的灯光大步向前走去，犹如女神降临凡间。那一刻，她不需要开口，那优雅的身姿、超强的气场足以征服世界。

 一个女人的高贵与优雅最直接的表现形式莫过于步态美。古人用尽一切美好词语来形容女人款款轻盈的步态，如步步生莲、丢丢秀秀、飞燕游龙等。无论是大家闺秀还是小家碧玉，走起路来无不行云流水，自带风韵。优美的步态将女性自身的风采展现得极其到位。

到了现代社会，绝大多数女性却将注意力集中在妆容和衣着打扮上，很少关注自己走路的姿势。在她们看来，只有模特才需在意步态，自己打扮得漂亮就好了。

当然，想走出超模那种气场也是有点强人所难，但时刻保持端庄的体态、优美的步伐却很有必要。试想，如果你化着精致的妆容，穿得也无比考究，走起路来却含胸驼背，还像企鹅一样左右摇摆，岂不是大煞风景？这时候，你走几步路别人就知道你有几斤几两了。

有个朋友是街拍摄影师，他说，每次在街头见到那些走路姿势很难看的美女都很无奈，她们坐在那儿，是那么赏心悦目，像一幅美丽的画卷，可一旦站起身来，却令人大失所望。有的脖子前倾严重，背还驼得老高，导致身高缩水，身形猥琐；有的虽然足蹬精美的高跟鞋，但走起路来腿不直、脚不正，拖拖沓沓，显得很没气质。

朋友说，要将这一类的女孩拍得美美的，得反复矫正姿势、找好角度，挺费劲的。很多时候只能拍上半身，着重突出她们艳丽的五官。而他最喜欢拍的还是另一类清新美女，五官虽然不那么完美，但镜头前的她们身姿挺拔，步态袅袅婷婷，随便一拍就是佳作。

前几天看了一部古装电视剧，有这样一个情节。

男子好奇地问："何驸马，你这一转身真是风姿绰约，难怪全洛阳的女子都对你倾慕在心啊。你是如何练就这般风采的？"这位女扮男装的"何驸马"自信一笑，说："想学吗？我教你。"她细心矫正男子的身姿："抬首如望月，顾盼而神飞……"

见男子低头驼背，她皱眉指导："抬首、挺胸、收腹、展腰，移左足，落，移右足，落……"渐渐地，男子走路稳健，身姿潇洒，一改之前懒散、拖沓的模样。这让我深受启发，通过后天的训练，我们也可以练就自信优美的步态。

想要走路有气质，首先得采取正确的走路姿势。一位形体专家说，行走过程中得保证中轴稳定，胸廓对角旋转，并利用腰大肌来带动走路，这会减轻其他肌肉的负担，避免损伤膝关节和腰关节。行走时先用脚后跟着地，再通过足弓过渡到脚趾，让双腿在膝盖内侧形成轻微摩擦。

不妨在心里默念"挺胸、收腹、抬头、收下巴"，让身体挺立起来，尽量打开胸腔，同时自然地收紧腹部，目视前方，稳健而有力地向前走去。那些步态轻盈的女子，还有一个秘诀，就是让肘关节往里收，大拇指向食指靠拢，让手臂轻轻地来回摆动，优美至极。

想要矫正外八字、O形腿，则需要我们付出更多心力。除了要改正错误的走路姿势外，更要改掉长期的不良生活习惯，比如一边上班一边抖腿，或时不时跷起二郎腿，等等。为了矫正骨盆前倾，闲暇时不妨多做做运动，尤其要注重腹部训练、腰部肌肉拉伸等。

白落梅在书中这样描写林徽因："每多走一步，多读一句，似乎更加清晰地看见林徽因从那朦胧的烟雨里撑着油纸伞向我走来，踏着清风，步态优雅轻盈，挽着云彩，光鲜而缥缈。于是，我多想伸手去抓住你，抓在我的掌心，哪怕时光流水会磨去我手心的掌纹，我也要牢牢地抓住你的身影。"作家笔下的传奇民国女子，有着无比优雅的步态，想想就令人心醉。

那些活得高级、优雅的女人一定有着优美的步态，而那种女性独有的轻盈和柔美定会被时光牢牢记住。

翩翩手势，
举手之间展现你的修养

在网上看到一个视频，视频中的女孩一直在做一些俏皮、可爱的手势，她五指修长纤细，时而聚拢，时而翻腾，像在跳一支美好的舞蹈，配上优美的音乐，真的养眼极了。原来，女孩表演的是时下最为流行的"手势舞"，我不禁点了一个赞。

有人说："美人在骨不在皮。"所谓的"骨"在我看来是一种风韵与气度。从她们优雅的谈吐中，我们能领略到这种美；从她们曼妙得体的肢体语言中，我们更能见识到那种深厚的修养与底蕴。拿手势来说，手是人类运用得最广泛的肢体器官之一，它能极好地传递细微的情绪变化。与人沟通的过程中，翩翩舞蹈的手势能烘托出女人高雅柔美的形象。

恰当地运用手势除了能给人留下明确的印象外，还能带来一种律动的美感。为了让自己的手部动作更加优美、文雅，不妨学习一些关于手势的基本常识。

根据手势要表达的意思，它可以分为指示性手势、情绪性手势、模拟性手势、象征性手势这几种。指示性手势通常用来给人指明方向，比如"请"的手势，一个朋友每次做出这个手势时，身边的人都会目不转睛地盯着她看，觉得她美得惊人。她站得挺拔、自如，用提至小腹的右手，无比优雅地划向指示的方向，整个动作行云流水。这个过程中，她一直用柔和的目光看向对方，唇边的微笑迷人又亲切。

情绪性手势能直接显露女人的某种情绪、意向和态度。它是一种自然流露，最好在不同的场合应用不同的手势，并根据情绪的强烈程度决定手势的摆动幅度。拿鼓掌这个手势来说，它能表示欢迎、祝贺、致谢等含义，其标准动作是用右手掌心有规律地碰触左手掌心。在情绪比较兴奋、激动的时候，可以使用幅度较大的动作，使鼓掌的声音清脆响亮，延续的时间更长。

与人交谈的过程中，模拟性手势也常常会被运用到。为了描述某种事物的外形，用双手去比画，这就是模拟性手势，它能使听者身临其境，很富有感染力。比如，曾看过的某期综艺节目中，主持人鼓励观众给节目组打电话、发微信时，做出了一个打电话的动作。

象征性手势通常是约定俗成的，它是具有特定意义的一类手部动作。使用这一类手势时，务必得考虑到具体的地域文化，免得闹出笑话。比如，在韩国食指和拇指指尖并在一起，比一个心形，表达的是友好热情等含义，在中国这个手势也有"要钱""数钱"的意思。

女人使用相关手势时，有很多注意事项，列举如下：

1. 手部动作优雅、到位，幅度适中。手势的高度上界一般不要超过对方的视线范围，下界不要低于自己的腰部。而且，手势左右摆动时，最好将范围限定在两肩之间，保证自己的动作优美大方，而不要过于夸张，这样才能呈现出一种独特的女性美。

2. 注意频率，多不如少。过多地使用手势，不但无法展现出自己的内涵与修养，反而会给人留下装腔作势的坏印象。

而且，与人交流时动不动手势纷飞，别人难免觉得你是在指手画脚，是在干涉他的想法，于是对你越发讨厌。其实，适当的时候加上一两个恰如其分的手势，可以更好地传达出你的情感和立场。

3.避免不礼貌的动作和一些不雅动作。比如与人交谈时，不要拿手指着对方；谈到自己时，也别用手指着自己的鼻尖，可以摊平右掌，自然地按在自己的胸口上。

别人说话的过程中，凝视对方的眼睛，仔细倾听，不要因为对方的话题你不感兴趣就随意地摆弄手指或头发，更不能做出掏耳朵、咬指甲等不雅行为。轮到自己发言时，切记不要一边说话一边打响指，或抓耳挠腮，对他人指指点点。这些细小的行为会将你的低修养、低素质一览无遗地暴露在他人面前，既容易招致他人反感，也有可能引发不必要的麻烦。

掌握手势的使用礼仪，能让女人的魅力倍增。拥有高级感的女人懂得运用手势来表达某些无法用语言表达的情感，从而衬托自己的修养与气质。

03

站着别乱动，
坐着不随意

常言道："站如松，坐如钟。"虽然女性在生活中，不可能像军队里的士兵一样，站姿那么严格，坐姿那么标准，但是我们最起码要做到不乱动，站有站相，坐有坐相。

身处公众场合的时候，别没过五分钟就左右脚不停地轮流稍息。或者一会儿抓抓手背，一会儿整理衣服，这些小动作都会给你减分。

经常听到公共场合有人这样议论："那女孩长得还挺好看的，可是站在那里晃来晃去的样子真丑。""是啊，本来挺有气质的，这一动减分不少。"

英国诗人本·琼森说："搔首弄姿地做出过分优美的动作，只能让人觉得你很做作、虚伪。"同事梅艳是一个非常高冷的女生，公司里的爱慕者很多，不管什么时候，她的优雅和从容都很令人羡慕。但是有一次回家等公交车的时候发生的事情，让她失去了高冷气质美女的形象。梅艳像往常一样站在站牌旁边等车，或许是累了，她很随意地倚在站牌上，不但挡住了来往看站牌人的视线，还将懒散的样子展现了出来。旁边的同事都觉得她的样子太随意了，不时看她几眼，但是她全然不知。这件事之后连她的追求者都减少了很多。

很多女性都是这样，精神放松的时候会把懒散的一面表现出来，其实可能只是不自觉地放松，但别人会怀疑你平时端庄、优雅的样子都是装出来的。

上司张凌在这方面就做得特别好，无论什么时候，她都很注重自己的仪态，永远一副端庄优雅的姿态。就算是站着，她也能站出一种气场来。身边细心的同事发现，张凌在站着的时候，通常都是并拢双腿，膝盖自然地挺直，从来都不乱动。实在累了，就稍微地移动一下自己的位置或者借着去洗手间的机会活动一下双腿。

女性站要站得挺直。抬头，挺胸，收腹，不光是你的自信会得到提升，你的气质也会整体提升。不过千万不要把头仰到天上去，胸膛也别挺得像好斗的公鸡。无论在哪里，只要站着保持这种姿势，时间久了就会形成一种习惯。如果你做不到，那么就回家让脚跟、臀部、两肩、后脑勺都贴着墙，两手自然下垂，两腿并拢呈立正姿势，每天坚持站半个小时，时间长了，一个好站姿也就练出来了。

不单是站姿，坐姿也要优雅。人的坐姿很多时候可以反映出一个人的办事风格，也是个人修养和气质的体现。在家里可以随意一些，但出门的时候一定要把慵懒的姿态收起来。

很多女性在工作中也是相当随意，像大汉一样双腿敞开的豪爽坐姿，或者整个人瘫在椅子上处于完全放松的状态，这样是很影响工作的。

一次，王洁代表她们部门去和一个客户谈判。王洁提前几分钟到了指定的咖啡厅，她就点了一杯咖啡坐在那等，五分钟没到便觉得累了，抱着电脑脱了鞋整个人横躺在咖啡厅的沙发上等。客户来了之后看到她的姿态连她们部门的方案没听就走了，王洁也因此丢了工作。

女人要坐，就要坐得优雅。上半身要正，而且臀部只坐三分之一。腿就可以随意一点，但两腿分开的角度不能过大，否则是很不雅观的。双腿可以并拢也可以向左右两侧斜放，或者一条腿搭在另一条腿上也是可以的。但是不要坐下之后还随意改变腿的姿势，尤其是主持人，最好是坐下之后就保持一个姿势不要动，这也是对别人的一种尊重。

有两种坐姿最能体现一个女人的修养和气质：第一种是臀部坐满椅子的一半，适当地跷一个收敛的二郎腿，上半身向自己的前方微微地倾斜。这是一种很具有压制气势的坐姿，关键在于两肩要平，说话的时候下巴要微抬，直视前方。如果你觉得这样的姿势太过于霸道了，也可以将目光投放在前面的物体上。但不能太低，当你可以看到自己的脚尖时，那就把目光再稍微抬高一点。

第二种是上半身后仰，靠在座位靠背上。但要注意不能含胸驼背。双手可以并拢，也可以放在身体的一侧，或者是随意地放在自己的大腿上。双臂环胸也可以，但是这会传达给别人紧张或者是不要靠近的信息。切忌，不要跷着腿乱抖，也不要把自己的双手放在两腿之间，这些都是很不雅观的小动作。

柏杨说过："有吸引力的女人并不是全靠她们的美丽，而是靠她们的漂亮。包括风度、仪态、言谈、举止，以及见识。"

04

拍照的礼仪，
女人好的仪态展现高级感

1993 年夏天，巩俐跟随《霸王别姬》剧组参加戛纳电影节的时候，28 岁的她在海滩留下的那组白衣黑裤的照片，到现在还是无人能超越的经典。那以后我才真正知道，原来照片也能展现出一个女人的高级感。好莱坞资深摄影师大卫·费希尔分享说："为了让站姿更完美，重要的是花些时间在镜子前练习，观察各种不同的站姿、摆出的姿势等。"

很多人都羡慕模特随便一张照片都很有气质，却不知她们已经习惯了时刻保持好的体态。拍照时，保持一个好的仪态就能尽显高级感。

要有意识地控制身上的每一块肌肉，背要挺直，腹部收紧，双肩打开，再露出一个自信的微笑。这样拍出来的照片大多数都是不错的。其实更多时候不只是拍照片的时候要注意这些，平时尽量保持一个好的体态也能让你自如展现女人的优雅高贵。

拍照时也要注意保持礼貌，如果一起合影的人在身高上比你更有优势，你可以跟大家说明一下，然后向前一小步。这样会让你在照片中显得更高一些。如果想要更端庄，也可以像凯特王妃一样双腿平行成一条直线，把脚踝和膝盖靠拢在一起。

有个小技巧，可以稍稍踮起脚尖，脚后跟离地，这样也会让你看上去更高。但是如果你比其他人都高一些，也应该学习一下林志玲的"礼貌腿"，尤其是和男士一起拍照的时候，这些小举动还能显示出你的涵养。

双脚的摆放则可以采用一前一后的方法，膝盖靠拢或者微微交叉，一只脚稍稍在前，和后脚形成一个小于45度的角。这样你的身体会自然地倾斜出完美的弧度，而且更能显示出迷人的身材曲线。

相对而言，在比较正规的场合拍照也是有很多要注意的地方。首先要着装正规，尽量做到高雅、庄重，同时也不失严肃。套装或者长裙都是很好的选择，如果对自己的外表有所怀疑，那就从服装上显示出自己的修养和气质。女性要根据自身特点来选择合适的服装，让服装与环境相匹配。

其次是要仪表整洁，参与拍照活动时的仪表会影响他人对你的评价。要保证衣服干净无异味，头发长度、指甲长度都合适。不要觉得相机拍不到的地方就可以忽略，女人就应该做到每天都是出镜妆，随便一张照片都能将你的气质展现出来。

最后要保证自己举止有礼，表情自然。拍照时特别要注意"站有站相、坐有坐相"。手不要随意插在口袋里。无论现场有多闷热，都不能当众解开扣子或脱下衣服。也不要在队伍中随便乱动，这样可能会挡住别人的镜头引起他们的反感。神态表情也不宜过度夸张，不要故意做出一些搞怪的表情来显示自己很独特，那样只会适得其反。保持微笑，尽量给人留下和蔼、亲切、友善的正面印象。不只是在镜头面前如此，平时也要这样面对别人，平易近人的微笑会在不知不觉中给你带来意想不到的好运。

作为一名被拍摄者需要保持礼貌，作为一名拍摄者更应该注意场合。2017年大年初二，在网上看到这样一则新闻：桂林某女士带着母亲和女儿去看电影《乘风破浪》，当彭于晏出场时，她激动得两次拿手机开着闪光灯拍照，让前座两位女士极度不满。电影结束后，她们在外场发生争执，这位女士被对方打得鼻青脸肿。

每次出去旅游都会遇到这样一个情况：每一个景点都被各种摆拍的游客占据。当导游津津有味地讲解该景点的独特之处时，耳边总会传来："来来来，我换个姿势再拍一张。"不但声音刺耳，行为也很粗鲁，不管周围有多少人，总有那么几个人冲开人群寻找合适的拍摄角度。如果旅行变成单纯的上车睡觉，下车拍照，那么又有何意义呢？

作为相机里面的人要保持一份优雅，作为手持相机的人也同样需要优雅。一个女人的高级感不应该只是停留在照片上，而是应该让自己习惯照片上的状态，时刻都是最有气质的女人。

05

女人赴宴，
吃相高级不容易

"吃火锅时最讨厌什么？"

网上一个回答引起了我的注意。回答者说，她和朋友一起出去吃火锅，吃着吃着朋友夹起一个丸子，放在嘴里咀嚼了一下，自言自语道："没熟。"

随即，朋友做出了一个让她大跌眼镜的举动——"噗"的一声吐出丸子，只见丸子从空中划过一条"漂亮"的抛物线，然后蹦回了锅里。朋友很满意，拿筷子搅了搅，整个动作连贯而自然。她却呆呆地瞧着那颗丸子在锅里上下翻滚，内心煎熬无比。

后来一想到她和朋友这么长时间的"革命单身友谊"，涌进嗓子眼的话还是被生生憋回了肚子里。谁料之后朋友持续"噗""噗""噗"，彻底败坏了她吃饭的兴致……

还有一个回答也很典型。这位网友说，每次和一群朋友出去吃火锅，有一种女人开场总会说："给我拿点蔬菜和水果就好了，像莜麦菜啊小菠菜啊都是我的最爱。"

她点了自己爱吃的鱼丸、肉丸、羊肉卷、虾滑、毛肚、肥牛卷，摆满了一大桌子，谁知吃饭的过程中她顶多能尝上几小口羊肉卷，其他都被那些发誓要减肥、美容的"高端人士"一窝蜂抢光了，那吃相要多难看有多难看。人家吃完后还抹抹嘴，一个劲儿地吐槽她："身为女人你也太 low 了，咋不见你减减肥，一点也不注意身材管理……"

不禁感叹，一顿火锅就能彰显出众生相，相比一个女人的面相，她的吃相能暴露出更多问题。正如一位心理学家所言："一个人的吃相能反映其人品与教养。"

你能想象一个美丽的女人在宴席中脱掉鞋子，歪坐在椅子上，用纤纤五指挥舞着筷子，狼吞虎咽地吃东西的样子吗？这种画面，连想想都会倒吸一口凉气。要知道国人吃饭的礼节向来烦琐，发展到现在，吃相也成了一种公共关系学。粗俗的举止只会令你原本光彩夺目的外表黯然失色，再昂贵的服饰都无法掩盖你骨子里的肤浅与没教养。

而对于职场女性来说，她们的职业素养不单单体现在平日的工作能力上，还藏在每一餐每一食里。曾去某五星级酒店参加一场宴席，席间，有公司高层领导，有远道而来的国外专家团，每个人都端坐在旋转餐桌前，慢慢品味着自己面前的菜式。

一位女同事对其中一道菜品似乎情有独钟，她大力转动着转盘，不断将那道菜转到自己面前，一筷子下去，盘中的肉便少了一半。她鼓动着两腮，咀嚼着嘴里的食物，不断将骨头吐在洁白的桌布上，觉得渴了，便大口吞咽着葡萄酒，还拿自己的勺子去盛汤。那些外国专家们本来用筷子就不熟练，此时见那位同事吃相难看，都悄悄地放下了筷子。

那顿饭吃得很尴尬。领导不断向那位女同事使眼色，提醒她收敛点。可惜他隔得远，同事毫无察觉。我脸上有点火辣辣的，只觉得外国人扫向我们这几位普通职员的目光里，似乎多了几分鄙夷。回来后，领导发了好大一通脾气，那位女同事这才意识到自己失礼。

依据我的经验，那些吃相粗鲁、奔放的女孩们，大多性格马虎，做事大大咧咧。与她们共事，往往会演变成一种灾难。她们完全意识不到自己的一举一动都会被别人尽收眼底，更完全不觉得吃相难看是个问题。平时一股小家子气，一旦去了大场合，也上不了台面。

大思想家培根说过："形体之美要胜于颜色之美，而优雅的行为之美又胜于形体之美。"无论是同学聚会、同事聚餐，或者是出席其他一些重要宴会，一定要学会控制、调节自己的行为，保持优美的形象，展露良好的修养。具体可参照以下几点建议：

1. 坐得端庄而优雅，等到转盘转到自己这边，再从容地夹菜、盛汤。切记不要支起上半身或撅起屁股，张牙舞爪地去够离自己较远的菜，将椅子弄得咯吱咯吱响。

2. 取菜要适量，吃的时候闭上嘴巴，小口咀嚼，而不要吧唧嘴。每边牙齿咀嚼十五秒再缓缓咽下，既显得优雅，又能减肥。保证口腔中没有食物时再开口说话。

3. 碎骨、残渣轻轻放在骨碟或干净的纸巾上，不要吐在桌布上或餐桌底下。不要一边拿着筷子，一边拿着汤勺盛汤。正确的做法是，先放下筷子，再轻轻拿起汤勺盛汤。

4. 不要用筷子在菜盘子里搅来搅去，吃到了好吃的菜，更不要贪婪地舔吮筷子头。哪怕吃到自己最爱吃的菜，也不要"霸菜"，记得浅尝辄止，好吃的食物大家一起分享。

5. 有些女孩为了展示自己的热情，喜欢给别人夹菜。只是，热情过了头，反而会显得失礼。其实在公众场合，表现得收放自如、松弛有度即可。若无必要，最好别随意给别人夹菜。如果需要夹菜给长辈、孩童，记得使用公筷。

女人除了要注意吃相外，还得注意一些餐桌礼仪，并时刻关注他人的感受。比如，就算是你请客，吃饭前也要先问问对方喜欢吃什么菜，或将菜单递过去，任由对方选择自己爱吃的菜。吃饭过程中，一边细嚼慢咽，一边抬头倾听别人发言。

美国慈善家比尔·戴维森曾说过这样一句话："滔滔不绝、到处放电、漫不经心和懒散，以及破坏自己的道德形象的行为都会给别人留下深刻的印象。"所以，女人赴宴时，不仅要穿得漂亮，还要吃得漂亮。别让难看的吃相败坏了你的气质，拉低了你的素质。

大方应酬，小心干杯

《北京爱情故事》中，给我留下最深印象的是职场女精英伍媚。与客户在酒桌上寒暄应酬的时候，她总是表现得像男人一样豪爽大气，又不失女性的温柔婉约，一场饭吃下来，再难缠的客户都能被她利落地拿下。

随着女性在职场上的影响力越来越大，应酬与喝酒不再是男人的专利。我身边就有很多女性朋友，说起应酬礼节及酒桌潜规则来头头是道、经验十足，这既能帮助她们扩大事业圈，也能让她们在参加酒席、饭局时很好地保护自己。

朋友范蕾是如伍媚一般的职场"白骨精"，因为工作需要，她不得不出现在各种应酬的场合中。每一次，她都会端庄地坐在领导旁边，脸上挂着得体的微笑，落落大方，风度怡人。领导抛出一个"梗"，她能快人一步地接住，然后妙语连珠，令气氛越发融洽。

有人说了个不雅的段子，她不怒不恼，反而镇定自若、巧妙化解，既让人觉得她幽默风趣，又给人留下凛然不可侵犯的印象。该夸人的时候她适时送上几句贴心的话，不该插嘴的时候她逐一给大家添酒添茶，轮到她敬酒的时候她能将敬酒词说得花样百出，令一桌人都眉开眼笑。领导经常夸她像酒桌上的一道春风，令整个气氛暖意融融。

某次同事聚餐，酒酣耳热时，一位职场前辈吐露心声道："女人就是饭局、酒桌上的一道靓丽的风景线。倒不是男人的色相心理在作祟，只是那些谈笑风生的女人真的能抬高整场饭局的档次，让气氛更加轻松愉快。"

然而在现实生活中，很多女孩既不懂酒桌文化也不了解应酬的技巧。在陌生的饭局中，她们要么表现得咋咋呼呼，过于粗鲁、失礼，要么坐立难安，恨不得和空气融为一体。

我也曾为此苦恼不堪。初入职场时，每次年会上，眼瞧着那些性格活泼、"有眼力见儿"的同事端着酒杯挨个给领导们敬酒，我却默默待在一旁，不知道该如何融入。这种难堪的经历给我留下了深深的阴影，使得我不得不装出一种强硬的姿态，遇到饭局，能推就推，不得不出席，也要绷紧一张扑克脸，浑身散发出一股"生人勿近"的气息。

年岁渐长后，心态才平和起来。如今，我依然认为只要能力出众，哪怕不会喝酒，不懂得应酬也能取得事业上的成就。可我也清楚地认识到，若能把自己修炼成那种玲珑剔透、谈笑自若的女子，做到从善如流，不卑不亢，除了能收获更多的好人缘外，还能在这个激烈的社会中拥有更多出头的机会。她们活在人群的中心，是那么耀眼夺目。

若你有志于成为一个姿态优雅的女人，不妨从酒桌礼仪、应酬技巧入手，逐步学起。这里特意总结了身边一众朋友的经验，列举如下，可酌情参考：

1. 如果我们是应邀出席宴请活动，记得着装得体，妆容优雅。正式出席时，依照主人的安排就座。如果主人没有提前安排，等长辈或重要人物落座后，自己再找合适的座位坐下。

2. 入座时，将椅子轻轻拉开一小段距离后再坐下。入座之后，姿态无须拘谨，但也不可太过轻松随意，比如以手托腮，左顾右盼等。双脚更不要随意伸出。

3. 接受斟酒时，最好一手握着酒杯，一手轻轻扶住杯底。别人想要为你斟酒，如果实在喝不了了，用手稍稍盖住酒杯，用一声"不了，谢谢"表示谢绝，并全程微笑。

4. 宴会的主人致辞祝酒时，最好暂停进餐，也不要与邻座交谈，摆出聆听的姿态。碰杯时，真诚地目视对方。喝酒时，不要边说话边喝酒，这在别人看来是失礼的行为。向别人敬酒时，最好做到主次分明，尤其要注意对方的身份，包括年龄大小、职位高低等。

有个朋友说得好，女人在交际场合应该"大方应酬，小心干杯"。酒作为一种交际媒介，能传递友谊，加强沟通，但酒里其实也隐藏着很多危险因素，若是把握不当，非但无法体现女人的优雅，还会伤到自己。比如说，酒量小的女人千万不能逞能。

国产剧《欢乐颂》中有这样一个情节：樊胜美参加一个饭局，席间，为了摆脱一个猥琐男的纠缠，樊胜美叫服务员端上二十杯酒，自己一口气喝掉十杯，虽然镇住了在场所有人，她却醉得一塌糊涂，最后醉醺醺地坐在小区的地上大哭，弄得狼狈不堪。

应酬我们可以大大方方地参加，酒却要喝得仔细、小心。若把自己灌醉了，无疑是得不偿失的。喝酒其实有一些小技巧，比如上座后吃一些淀粉类或油脂较多的食物，别人向你敬酒时，掌握节奏，不要喝得过猛。喝酒的间隙不妨喝杯酸奶，能有效解酒。

　　如果真的酒量很差，只有"一杯倒"的底子，不妨委婉地告诉席间嘉宾，大家应该不会再为难你了。有些女性可能酒量不错，但在酒桌上，切忌不要充大，抢着喝酒、敬酒。保持优雅的姿态，等到领导、重要嘉宾互相敬完酒后，再去敬酒。

　　参加酒宴之前，可以多了解一些酒桌文化，多补充一些饮酒常识。在应酬中，尽量做到言行得体、落落大方，以酒作为媒介，在人际交往中令自己更添光彩。

倾听需要智慧，
也是女人最优雅的姿态

《声临其境》第一季中，某位演员的一个小动作给我留下了深刻的印象。那位演员配完音回到后台，急需补充体力的他拿起桌上的食物，刚想塞入嘴中，这时，主持人说起自己的一段配音经历。他立刻放下手中的食物，聚精会神地凝视着主持人，耐心倾听起来。

这让我想起之前和朋友一起观看某台的跨年晚会，针对某女主持人频频"抢话"的行为，大家都皱起眉头，几乎难以忍受。晚会中途，一些特邀嘉宾登上舞台，那位女主持人又不合时宜地打断了嘉宾的自我介绍。

当时我忍不住吐槽道："她真的很缺少倾听的智慧。这种场合，优雅地待在一旁不好吗？"还记得看完晚会后，我特意上网翻看网友的评论，果然大多数网友都秉持着批评的态度。有个网友辛辣地点评道："为什么一个劲地抢话、插话、没话找话？太尴尬了！"

我是《杨澜说》的忠实听众。某期节目中，杨澜这样说道："我们是不是常常半途打断对方的话，然后又自以为是地进行反驳呢？沟通是双向的，我们并不是单纯地向别人灌输自己的思想，说话是一门艺术，倾听别人说话更是一门艺术，我们应该学会积极地倾听。"

善于倾听的女人大多温柔、稳重，言行举止落落大方。她们出现在社交场合里，总表现得无比谦卑而包容，几乎将倾听当作了自己的一项本能。

她们是那样从容、平和，哪怕对方说的话自己并不同意，也不急于打断对方，抢着表达自我观点。她们是那样真挚、用心，与人交谈时会认真地凝视着对方的眼睛，时不时颔首微笑，并仔细聆听对方的一言一语，心里默默归纳总结，同时展开思考。

深谙倾听艺术的女人似春风般温煦亲和，而那股亲和力也变成她们身上高级感的来源。她们用少说多听的方式将自身的思想与内涵展现得淋漓尽致，平时不轻易开口，尤其杜绝空话、套话、矫揉造作的话，可一旦说起话来，往往掷地有声，不容忽视。

然而，生活中懂得倾听重要性的人太少了，这也是人与人之间矛盾频发的原因之一。比如之前追看国产剧《都挺好》，发现苏家人的问题在于，每个人都只想着表达自己，却不愿意倾听他人的心声。明明一家人想要好好坐在一起说话，可说着说着，大家都变成了炸药桶，拼命诉说着自己的委屈与不甘，偶尔出现一句理性的声音，也被淹没在争吵中。

所有的相处，都离不开倾听。读杨绛《回忆我的父亲》的过程中，内心满是感动。杨绛这样写道："我父母好像老朋友，我们子女从小到大，没听到他们吵过一次架。旧式夫妇不吵架的也常有，不过女方会有委屈闷在心里，夫妻间的共同语言也不多，我父母却无话不谈。"尤其是她的父亲，十分健谈，她的母亲便甘心充当世上最温柔的听众。

杨绛的父亲后来辞职做了律师，他会将每一件受理的案子详细地向妻子诉述，大大小小的细节，乃至涉及什么人等，虽然杨绛的母亲从未学过法律，但她还是听得津津有味，还时不时提出自己的见解。于是，这对夫妻之间的感情越发融洽、密不可分。

我时常在思考一个问题：很多人都知道倾听很重要，却始终做不到耐心倾听，这一切都是为什么呢？直到读到《最初和最终的自由》这本书中的一段话，才恍然大悟。

这本书的作者是著名的灵性导师克里希·那穆提，他分析道："要真能倾听，必须舍弃或放下所有的偏见、预设和日常活动。当你的心处于接纳的状态，就能轻松了解事物；当你真心关注事物时，你就是在倾听。但不幸的是，大多数人听东西时都心怀抗拒。我们被偏见遮蔽了，不管是宗教、灵性上的偏见，还是心理学、科学上的偏见；我们也常被日常生活中的忧虑、欲望和恐惧所遮蔽。我们听东西时，就带着这些屏障。因此我们真正听到的，是自己的噪声、自己的声音，而不是别人所讲的。"

若被自身的偏见、欲望及负面情绪所蒙蔽，一再忽视倾听的力量，只怕会变得寸步难行。当然，这并不是说我们要压抑自己的真实心声，一味沉默地听别人说。倾听是一个吸收、接纳和过滤的过程，听的过程中，不只要用上耳朵，还要用上眼睛和整颗心。保持良好的精神状态，一边听，一边思索对方的真实意图和立场，保证倾听的质量。

为了最大限度地尊重对方，我们还得及时运用合适的身体语言和面目表情给予对方反馈。比如适时地微笑、点头、鼓掌等。另外，还可以在对方发言的间隙提出一些有建设性的问题，这能让对方谈兴更浓。当然，还要把握提问的时机和频率，说出问题前先表达歉意。

苏格拉底说："自然赋予我们人类一张嘴，两只耳朵，就是让我们多听少说。"缺乏倾听的智慧，而只顾喋喋不休地诉说，只会显得你很聒噪。而倾听，能衬托出你的优雅风度。

有人在你面前说某人的坏话时，
保持微笑

　　网上有人说:"检验友谊的标准，就是两个人凑在一起说别人坏话。"我认识的一个女孩似乎对此深信不疑，只要有她在的场合，话题常常会被带往"东家长西家短"。每次看着她眉飞色舞地说着某女性上司的隐私，或不在场的某个相识之人的坏话，内心都百味交杂。

　　她若来我这儿寻求共同感，我便只顾低头喝茶，微笑不语。她有点无奈，只好转过头去继续和其他女孩大肆谈笑起来。渐渐地，朋友聚会中很难见到她的身影。一个相熟的朋友提起这事，说："她背后说人坏话的样子真的很讨厌，难怪大家都不带她玩了……"

我记得《康熙来了》停播前，一位艺人在节目中的言行举止散发着一股别样的魅力。更加令人肃然起敬的是，当主持人凑近她身边，探着脖子一脸坏笑地询问圈中其他女星的是非时，她只是端庄地站在那里，淡淡地微笑。

之后，每逢遭遇相似的场景，我的脑海中都会浮现出她那优雅、从容的笑容，提醒自己不要参与是非，尽量做出得体的回应。

有人在你面前说人坏话，你的微笑就是一种无声的抗拒，既衬得你温和而从容，平添一份高贵的气质，如桃花初绽，涟漪乍起。同时，又表现得毫无漏洞，让对方自惭形秽，从而无奈地收起那套说辞。

朋友圈有人转发了一篇文章《你背后说人坏话的样子，真丑》，我饶有兴趣地读了起来。作者说，遇到很多女孩，在背后说人坏话时总有相同的表现，要么挤眉弄眼，努嘴坏笑，要么探脖缩肩，张牙舞爪，堪称丑态毕露、仪态尽失。

想起一次相似的经历，某次同事聚餐，不知谁提起之前辞职的实习生，顿时，一大堆"酸话"冒了出来，一股难闻的醋意弥漫在狭窄的空间里。

有人说："不知道她耍了什么手段才能钓到个金龟婿，真是知人知面不知心。"

又有人说："长得也不是那么好看，就那双眼睛像狐狸，喜欢给男人放电。"

另一个人说："天天在朋友圈晒幸福，哼，小心秀恩爱死得快！"

突然，坐在我身边的姑娘恨恨道："就是！以前做实习生的时候见到我客客气气的，辞职那一天尾巴都快翘到天上去了，神气什么啊！"

我诧异地扭头看了一下她，只见她深深皱着眉头，眼里的恨意和鄙夷挡住了以往的神采，鼻孔微张，嘴角还微微抽搐着，与她平时优雅淡定的模样大相径庭。我原来一直觉得装扮时髦、品位出众的她美得很高级，此时却觉得她很俗气。

在一本心理学书上看到，有一类女人遇到了比自己强大、优秀，或境遇超过自己的人时，自我认知会受到打压，于是妒忌、焦虑、不安等情绪就会油然而生。为了缓解内心的压力，她们会在背后频频说别人的坏话。当她们感到危险的时候，甚至会故意在背后诋毁他人，通过引导舆论，给对方贴上负面标签，损害对方的名誉以达到某些目的。

而那些随口附和这些坏话的人，要么内心有着相同的嫉妒情绪有待抒发，要么缺乏独立思考的能力，习惯了通过附和对方观念的方式来讨好对方。

只是，若我们放任那些阴暗的情绪肆意流淌，只会离想象中的那个优雅、高级的自己越来越远。当我们兴奋地说着别人坏话的时候，无论是面容还是肢体语言，都会直接显露出内心的肤浅与傲慢。于是，落在别人眼中的我们就会变得越发刻薄、难看。

那些善解人意的女子从不在背后论人是非，往大了说，这是她们的信仰；往小了说，这是她们的行事准则，不会随着时间流逝或环境变化而改变。这样的女人往往在社交圈里极受欢迎，人人都愿意和她们做朋友，也都会为她们的品格和风度所倾倒。

所以，千万不要参与社交场合中那种说别人坏话的环节，更不要被这种风气玷污了自己的心灵。无论身处怎样的场合，都请保持自己落落大方的姿态和高雅清浅的微笑。

Chapter 8

穿搭精致，高级感才能
让你光芒万丈

01

越简单越高级，
这是穿搭不变的定律

看电影《花样年华》时，张曼玉一出场就带走了所有人的心，只是简单的一身旗袍，就让人不自觉地感叹她那出众的气质，男主角也毫不意外地被她的魅力所迷倒。虽然结局不尽如人意，但是张曼玉饰演的"苏丽珍"高级又充满女人味的形象直至今天依旧是经典。

其实我们身边最不缺的就是美女，第一眼看上去穿着打扮简单干净，就会给人舒服精致的感觉。也有人说奇装异服看上去可以更显眼一些，错综复杂的搭配的确能让人眼前一亮，但是总缺少一些高级感。有句话叫"越简单越高级"，有品位的女人穿衣服一般都会从简，极简极奢。

1. 颜色简单

懂得搭配衣服的人都知道，穿衣服时全身上下的颜色一定不要超过三个，否则看上去特别花哨，颜色越简单，才越能穿出高级感。一个人如果懂得配色，在穿搭上一般都不会出错，高级的搭配色彩最平常的有三个：单色、邻近色和中性色。

对于单色来说，比如最近特别流行的牛油果绿，虽然不是特别深颜色的绿，但是穿在身上很漂亮。肤色较白的人穿着会显得皮肤更白，肤色稍微偏黄的人穿着不会显黄，总之，牛油果绿是非常好搭配衣服的颜色。如果上身是一件牛油果绿色的T恤，下身则可以选择白色，白色褶皱裙或者白色萝卜裤都可以。白色和绿色的撞击会使整个人显出更高级的感觉。紫色也是最近两年的流行色，尽管紫色超级难驾驭，但是小面积的搭配还是可以考虑的。比如紫色小吊带搭配牛仔短裤，可以说是再简单不过的搭配，也是更符合夏天的穿搭。紫色与蓝色的搭配，更是简约而不简单。

邻近色，就和画画是一个道理，同色系和邻近色的搭配会让整幅画看起来更加舒服。比如偏蓝调的绿色以及偏黄调的绿色在与绿色单品进行搭配的时候，会衬托得更加好看，一个非常难驾驭的冷色系和同色系搭配在一起之后，就会显得异常协调，而且上身效果十分耐看。

中性色当然就是黑、白、灰三种，很多人不知道选择什么颜色的衣服时就会挑这三种颜色的衣服来搭配。这三种颜色可以说是百搭，基本不会出错，而且会显得人高冷有气质。一般的极简主义人士，最爱的就是灰色和白色了。白色一字领的上衣搭配灰色的包臀裙和黑色高跟鞋，看上去充满高级感，女人味十足。

还有两色搭配也非常实用。粉色＋蓝色：有的人说粉色很难搭配，其实可以用浅粉色搭配牛仔裤，颜色上赏心悦目自然就有高级感了。红色＋蓝色：鲜艳的红色在视觉上给人很大的冲击感，再加上蓝色是很低调的冷色调，冷暖色的搭配会使人看起来气色更好一些。

2. 款式简单

我们在选衣服的时候如果想要显得更有高级感，就应该尽量避免烦琐的款式，越是简单的板型，越是不挑身材，像纯色的Ｔ恤、白衬衫等。夏天的时候可以选择连衣裙，简单大方的款式最好，颜色也不要过于花哨。这样整体给人的感觉非常简单，但又非常高级。

或者一条阔腿裤搭配纯色上衣，简单又不失优雅。短裤、短裙搭配基础款 T 恤也是个不错的选择，将 T 恤扎进裤子或裙子里，尽显干练的气质。

在内搭方面，衬衫、高领打底衫都是最百搭的款式，下身一条合身的连衣裙，就可以知性大方。

其实很多女人在穿衣打扮上是自带高级感的，比如《欢乐颂》中的安迪，无论穿什么衣服都给人一种气质美女的感觉。仔细观察就会发现安迪在穿衣打扮上不会过于错综复杂，只是简单的黑白配就能由内而外散发出舒适感和高级感。越简单越高级，这是穿搭永远不变的定律。

简单，但是并不意味着平庸和枯燥无趣。化繁为简有时也是一种能力，我们每天面临着无数压力源，简单的穿搭也可以让你释放烦躁的心情，带来轻松愉快的感受。而且简洁干净的穿搭还会给人留下清新、自然、清爽的好印象。

电视剧《天道》中有这样一句台词："从心理学角度分析，越是头脑简单的人，越需要点缀和填充；而头脑复杂的人，则对简洁有着特殊的心理需求。"所以，越简单才越高级。

02

了解自己的身材比例，
精致的要领就是扬长避短

　　香奈儿说过："时装是建筑学，它跟比例有关。"一个精致漂亮的女人，不单会选衣服，还了解自己的身材比例，懂得扬长避短。如果一个连自己准确的身高、体重、三围都不知道的女人，又怎么知道如何在穿衣打扮上扬长避短呢？

　　读大学的时候，班里有两个女生长得很像，身材也差不多，一米五左右的身高。两个人虽然身高差不多，但是视觉上给人的差距很大。其中一个完全看不出她只有一米五，她总是穿短款上衣，高腰的牛仔裤，鞋子带点小跟。这样的穿衣风格总是给人一种高高瘦瘦的感觉。而另外一个，也完全不像一米五，她喜欢穿长款的衣服，夏天穿长款的裙子，冬天穿长款的大衣。本来就不高，还喜欢穿宽松肥大的衣服，显得她就像一个行走的肉球。

　　个子小的女生很讨厌别人提到自己的身高，不过，懂得扬长避短的女生总是能利用衣服来掩盖这一事实。切记衣服不要过于肥大，长款大衣不一定适合你！不要穿厚重很有垂感的衣服，这样会给人一种整个人都在下坠的感觉。不要穿款式过于复杂的衣服，尽量选择简单大方的款式。上身可以选择尝试短款，下半身则搭配高腰的裤子或裙子。还有鞋子，如果可以，就尽量穿有跟的鞋吧。

　　矮个子有矮个子的烦恼，有的人也因为太高而烦恼，因为稍微胖一点就会显得非常壮实。其实你可以选择那些面料轻盈而柔软的衣服，也可以在肩上搭一条围巾或者是披肩。切记不要在腰上系一条很细的腰带，这会显得你更加壮实。另外，有点胖的女人也不要去尝试紧身的衣服、特别宽大的衣服和那些布满褶子的衣服，这些衣服只会增加你的负担，把你的美丽掩盖。

　　每个女人的身材比例各不相同，身材也分很多种。比如沙漏形身材，也叫葫芦形。胸部丰满，腰部纤细，臀部圆润，这是最有女人味的身材，穿衣时你可以最大限度地呈现出自己的优势，将好身材体现得淋漓尽致。紧身的衣服是你的最佳伴侣，紧身连衣裙不但可以完美地贴合你的腰线，更能展示出你的女人味。高腰裤也是个不错的选择，可以将臀部曲线完美凸显。

还有梨形身材，又叫正三角身材。一般指下半身丰满，臀大腿粗，肩部、胸部瘦小的女性。在选衣服的时候就要尽可能地掩盖住下半身的脂肪，比如宽松的伞装或者下摆很大的裙子。上衣则应该以遮盖住腰部赘肉为宜，绝对不要穿紧身的裤子和褶皱裙，这样只会突出你的缺点。

倒三角身材在生活中也很常见，下半身纤细无肉感，上半身却过于臃肿肥胖，给人一种头重脚轻的感觉。尤其是肩部过厚，穿什么衣服都显得虎背熊腰。这时候千万不要尝试上半身层叠的蕾丝、荷叶边、泡泡袖、大垫肩，这只会让你看起来更加臃肿。下半身你可以穿浅色或者亮色的衣物，尽量放大下半身的视觉效果，使其与上半身看起来更加平衡。

也有最受女人欢迎的长方形身材，就是看起来很高，但哪个部位都没有赘肉。这种身材最能得到女孩子的喜爱，因为穿什么衣服都看得过去，不过对于男孩子来说则缺少 S 感的韵味。长方形身材也被叫作 H 形或者 I 形，上中下等宽，胸部、腰部、臀部围度差较小。最大的特点是没有明显的腰部曲线，所以长方形的身材可以通过打造腰身来凸显女人味。A 字裙最适合 H 形身材的女人，也可以借助腰带为自己打造出腰身。

很多女人生完孩子之后身材就走样了，很难恢复到以前的状态。尤其是腹部、臀部，因为怀孕时的压迫感，生完孩子之后就变成了苹果形身材。腰部、腹部都是赘肉，腰线丝毫看不见了，这时候你可以尝试利用一些天然褶皱样式的衣服，或者用腰带打造一定的腰身，或者将服装在腰腹部做出适当的褶皱。不过还是要自信地露出其他相对纤细的部位。

不是每个女人都是天生的衣架子，要学会审视自己身材的优缺点，找到自己最为突出的部分，并学会利用。了解自己的身材比例，穿衣时懂得扬长避短，这样你就会发现你就是别人眼中的衣服架子。

03

做自己的色彩顾问，
适合的颜色让你更光彩照人

"色彩"这个词随着人们对时尚的追求被赋予了越来越多的含义。简单的"赤橙黄绿青蓝紫"已经不能满足人们对色彩的需求，于是越来越多的颜色被人们"发明"出来，甚至还清楚地分出了色系，当然随之兴起的还有各种颜色的衣服。

马克思说过："色彩的感觉是一般美感中最大众化的形式。"每个女人都有自己最偏爱的颜色，但并不是所有你喜欢的颜色都与你的气质相符。

作家雪小禅说："我没有再尝试过穿金色，不适合自己的东西，尝试都是多余的，就像不适合自己的人，最好不要尝试走近，那样的尝试，带着明晃晃的危险……"

唯一被色彩权威 CMB（美丽本色）总部邀请接受色彩顾问培训的中国人，深圳祺馨色彩顾问有限公司总经理刘纪辉女士也曾这样说过："做色彩分析之前，我从来没有尝试过，甚至没有想到过粉色会适合我。逛商场时，有些颜色的衣服我是从来不会考虑的，但分析结果完全颠覆了过去我对色彩的认识。如果没有做过分析，我可能一辈子都在乱穿衣。我想，每个人都应该找到适合自己的颜色。"

由此可见，选对适合自己的颜色是多么重要。你是不是遇到过这样的事情，明明衣服和妆容都是当下的流行款，但总是看起来哪里别扭，于是你开始怀疑自己的长相。其实并不是你的外貌存在问题，只是因为你选的颜色与自己不搭。

如果你也想让自己显得光彩照人，不如尝试当自己的色彩顾问。不过首先你要清楚自己的肤色、发色和眼睛的颜色，然后再去选择适合自己的衣服颜色和妆容。

记住不要因为喜欢一个颜色，就从头到脚都穿成同一个颜色，可以在同一个色系中挑选搭配。

我的一个朋友，最喜欢红色，她是黄黄的皮肤，平时就是大红唇，一身正红色的衣服。虽然在人群中一眼就能看到她，但是总觉得缺了些什么。直到有一次陪她去逛街，导购帮她选了偏酒红色的衣服，我觉得她整个人都重获新生了。虽然都是红色，但是正红色过于强势，不像酒红色那么好驾驭。

仔细观察你就会发现，真正皮肤白皙的人是很少的，肤色偏黄看起来缺乏精气神，这个时候可以选择一些可以提亮肤色的颜色，比如黑色、玫红色、艳粉色以及蓝色系的衣服。但是切忌和肤色同色系的黄色、橙红色、深咖啡色，或者是对比较明显的紫红色、大红和大绿等颜色的衣服，这些颜色会让你的肤色看上去更加不健康。为了美，平日里也要"狠心"地舍弃一些自己喜欢但会扰乱肤色的颜色。

平时在选择与自己的肤色相符合的衣服颜色时，绝不能偷懒，为了省时间、图方便就选择一些和自身颜色相近的衣服。这样的颜色对你来说可能相对不会那么突兀，但是你要知道衣服是穿在你的身上，而不是挂在衣柜里落灰尘。所以你要选择可以彰显个性又适合自己的颜色，这些就不会看起来过于呆板、毫无生气。

女人应该做到每次打开衣柜，随手一件衣服都是适合自己的颜色，而不是整天面对着数不过来的衣服却说自己没衣服。别把自己的衣橱装成五颜六色的彩虹王国，你要有自己的主色调，有一个整体的着装风格。做自己的色彩顾问，找到最适合自己的颜色，这样的穿衣风格才会让人眼前一亮，同时还能提升个人魅力。

而且做自己的色彩顾问还有以下几点好处：首先能让自己更加光彩照人。掌握了自己肤色的色彩属性就能完全找到适合自己的色彩群，在选择衣服、饰品、妆容、鞋帽上都变得轻而易举。其次可以增强自信，让自己变得更有气质。

有属于自己的色彩风格会给别人留下更好的印象，而第一印象往往很重要。大方得体的穿衣打扮能展示出自己独特的魅力，人们从不吝惜把自己的赞赏给予一个有魅力的女人。

最后，其实也可以以此来发展副业，提高一下个人收入。当你成为一个优秀的色彩顾问后，自然会有人找上门来咨询。

04
一件质地精良的白衬衫，
也能彰显高级感

　　作家亦舒写过这样的句子："只有最含蓄的人才肯穿白色——风流不为人知，辛苦不为人知，因为一个人最终要面对的，不外是她自己。"

　　黄伟文写过一篇《亦舒衣柜》，探讨了亦舒作品中那些女主角的衣柜里到底有什么衣服。黄伟文总结说："第 150 本以后的亦舒作品，女主角不论叫什么名字，出身怎样，性格如何，清一色只得一套服装——白衬衫 + 卡其裤。"于是电影《流金岁月》里的张曼玉永远是白衬衫 + 卡其裤。

不仅如此，西方影视剧也有很多白衬衫的经典镜头：1953 年美国电影《罗马假日》中的奥黛丽·赫本度假时将白衬衣穿成了永恒的经典。1961 年"金发女郎"玛丽莲·梦露演绎的白衬衫与紧身牛仔裤，更是留下了溢出屏幕的性感。

1989 年的《风月俏佳人》让所有灰姑娘做了一场"金风玉露一相逢，便胜却人间无数"的美梦。这是电影里最难忘的时刻，她洗尽铅华不施粉黛，懒散地套着白衬衫，定格成我们心中独一无二的美好。1994 年美国电影《低俗小说》中的乌玛·瑟曼，她穿着白衬衫用指尖夹着香烟，目光凝视前方，充满着危险和性感的气息。

除此之外，白衬衫还有一个外号叫"时尚界的扛把子"。虽然我们做不到赫本一样将白衬衣穿成经典，但是只要搭配得当，也能穿出属于你自己的女人味。

1. 白衬衫 + 裤子

白衬衫与牛仔裤可以说是天生一对，可以把衬衣扎进裤子里，露出腰部迷人的曲线。如果不想露出臀部，亦可以把前面下摆扎进去，后面遮住臀部，尽显休闲随意。搭配裤腿裤也不失优雅干练，尤其适合职场白领，既不会显得像正装那么刻板，也不会很随便。

2. 白衬衫 + 裙子

搭配短裙或者百褶裙，俏皮又可爱，也很适合学生，夏季又漂亮又凉爽，可谓一举两得。而且白衬衫不挑颜色，只要是你喜欢的短裙颜色，白衬衫都可以将你变得与众不同。白衬衫还可以搭配伞裙、长裙、鱼尾裙，让你既能淑女又能职场，还能尽显身材。

3. 白衬衫 + 毛衣

搭配套头毛衣，又年轻又休闲。衬衫下摆长一些，毛衣短一些，衬衫领子露在外面，既保暖又不失时尚。搭配开衫，显得慵懒随性。或者也可以将毛衣穿在里面，衬衫敞开露出毛衣，外搭一件大衣也是很帅气的一种选择。

4. 白衬衫 + 外套

白衬衫跟风衣、西装、棒球服、牛仔外套等全部能和平相处。如果内搭是偏正式的白衬衫和职业裙装，那就可以营造出强烈的职场感；如果是垂感较好的白衬衫搭配短裤短裙或者牛仔裤小脚裤，那就能穿出强烈的街头风。

白衬衫既可以搭配职业西装，也能搭配各种款式、各种颜色的休闲西装。搭配西装时，可以将白衬衫袖子外翻出来，这样衬衫跟西装可以相互映衬。

关于白衬衫穿搭的魅力，西班牙王后莱蒂齐亚和约旦王后拉尼娅都深得其中精髓。没有人知道她们到底有多少件白衬衫，但是她们每次出现在公共场合都身着白衬衣。莱蒂齐亚更多的时候会选择线条简洁明快、样式简单却有力量感的白衬衣。穿的时候将衬衫的领口微微打开一点露出锁骨，然后将衣服下摆扎进裙子或裤子里。

拉尼娅不但用白衬衣搭配裙子、裤子，甚至还搭配礼服长裙。白衬衣加礼服长裙的搭配显示出她的极度优雅，同时也不失性感。她的白衬衣很多都是最常见的款式，和我们平时穿的并无太大差别。

作家李筱懿在一次演讲中说过："我一直有个梦想——一个女生 40 岁的时候还能把一件白衬衣穿得很好看。今天我 38 岁，很开心我依旧能穿着白衬衣站在大家的面前。"笑容里的自信和温暖，融化了所有人的心。

美国著名时装设计师卡洛琳娜·海莱拉平时穿得简洁大方，她杜绝烦琐，尤其偏爱白衬衣。她从年轻时到现在的照片，大多是穿着各种款式的白衬衣出镜。她说："白衬衣是我的最爱，我一生都在穿。"卡洛琳娜经常是白衬衣配铅笔裙、长裙、西裤、高腰裤。简简单单的一件白衬衣就能使她看起来超群出众。

　　白衬衣之所以被称为"时尚界的宠儿"，就在于它无穷的多变性，无论怎样穿，都会给人眼前一亮的惊喜感。尽管时尚在不停地变化，但经典将会永存，随便一件质地精良的白衬衣，就能尽显女人的高级感。

05

总有一款高跟鞋，
能让你穿出迷人的身姿

　　性感女神玛丽莲·梦露说过："给女孩一双高跟鞋，她就可以征服世界。"高跟鞋是每个女孩的梦想，喜欢高跟鞋似乎是女人的天性。从学会走路开始就对妈妈的高跟鞋有特殊的偏爱，总是觉得穿上妈妈的高跟鞋自己就变成了一个公主。

　　也有不少研究者表示：当女人穿上高跟鞋后，步伐会更小更轻快，走路时膝盖和髋部的旋转和倾斜度会增加。也就是说穿着高跟鞋走路会更性感一些，更能显示出一个女人的气质。而且高跟鞋总是能把一件普通的衣服衬托得更加别致，女人穿上高跟鞋腿也会显得更加修长纤细。

高跟鞋另一个使女人欲罢不能的美妙之处就是它的声音："哒、哒、哒、哒"。这种响声好像也能牵动男人的心，男人们总是说："因为高跟鞋，女人成了移动的风景。"

如果非要在这个世界上找出一样东西来代表女人，那毫无疑问就是高跟鞋了。《阿甘正传》里有一句台词："通过人家的鞋子能够了解别人很多东西。"高跟鞋会让身边人对你留下好的印象，一个认真生活的女人，高跟鞋永远不会皱巴巴，也不会脏兮兮。

从鞋子上能看出你的态度。英国前首相"梅姨"每次出现在大众面前都是穿着不同的高跟鞋，就像撒切尔夫人的手提包一样，鞋子则是梅姨鲜明个人风格的代表。于是英国每次召开年会，狗仔队更加喜欢关注梅姨的脚踝以下。

以前看过一篇文章《俏伶伶抖着》，里面有这样一段话："一个女人，如果有一双使玉腿俏伶伶抖着的高跟鞋，又有一头乌黑光亮、日新月异的头发，虽不叫男人发疯，不可得也。"所以女人的鞋柜里，永远都不要缺少高跟鞋。高跟鞋改变的不单单是你的形象，整个人的气质也会跟着提升，还有来自内心的愉悦感更会增加你的自信。

　　而且总有一款高跟鞋，能让你穿出迷人的身姿。试想一下，如果你买了一双漂亮的高跟鞋，总不能搭配运动服吧。所以你会开始思考穿什么样的衣服，用什么发型，甚至连化妆都会比往常更细致一些。

　　这样一来，不知不觉你就利用一双高跟鞋完成了自我形象的提升，不但外形上是一次重新塑造，整体品位和气质也是一次完美塑造。

　　但是挑选适合自己的高跟鞋也很重要，一双合脚的高跟鞋应该是高度刚好，舒适度也刚好。有个同事一米五的身高，每天穿着 10 厘米高的鞋子，走起路来摇摇晃晃地总是带给人一种滑稽感。高跟鞋，不是高的就是好的，适合自己的才最重要。

　　5 厘米的高度就很日常，也足够把你的小腿拉长。而十几厘米的高度，最适合明星走红毯，不知道你注意过没有，每次走红毯，摄影师都会特别关注女明星的鞋子。

　　《欲望都市》里有一句经典台词："站在高跟鞋上，我可以看到全世界。"就是这几厘米的高度，总是带给女人不一样的风景，站在高跟鞋上，仿佛整个世界都是属于自己的。而且无论时代如何发展，高跟鞋总是时尚界的宠儿。

最喜欢细跟高跟鞋的玛丽莲·梦露，当年就是靠一双由 Salvatore Ferragmo 设计的金属细高跟鞋成名。她说："虽然不知道谁发明了高跟鞋，但所有的女人都应该感谢她，高跟鞋对我的事业有极大的帮助。"董卿也说："不光是我，我想所有的女性对鞋子都有特殊的偏好，尤其是高跟鞋。"

高跟鞋会让女人美得更有质感，每次看电视剧的时候，里面雷厉风行的女上司永远是一双整洁干净的高跟鞋，走路带风的样子。

电影《穿普拉达的女王》里面的女主编米兰达，穿衣打扮上永远是时尚界的潮流。这当然少不了高跟鞋的功劳，甚至每次她的高跟鞋发出的声音都能令下属肃然起敬。女主角安迪，开始只是一个不懂时尚的菜鸟，当她学会穿衣打扮之后像完全换了另外一个人。就算做助理再累，每天马不停蹄地到处跑，但是穿着高跟鞋的她仿佛更美一些，工作效率似乎也更高一些。

就像别人说的那样，女人，一定要有一双属于自己的高跟鞋，无论贫穷或富有。女人穿上高跟鞋就好像穿上了战靴，踩在高跟鞋上的那一刻，你就是战无不胜的女战士。

衣服仅仅是第一步，
配饰才是品位的点缀

　　电影《瞒天过海——美人计》中，安妮·海瑟薇饰演的达芙妮即将出席一场非常盛大的活动，不过她对衣服始终不满意，直到价值一亿五千万美元的卡地亚钻石项链戴在脖子上时，一切都圆满了。

　　更多时候，衣服仅仅是第一步，配饰才是品位的点缀。并不是说全部人都需要戴上价值一亿五千万美元的钻石项链，而是有时候给衣服加上一点小的配饰能提升衣服整体的高级感。

"鱼儿将双眼哭泣为珍珠奉上，从此在黑暗中潜行。"这是哀悼伊丽莎白女王去世时的诗句。伊丽莎白女王从不掩饰自己对珍珠的挚爱，她执政盛年的肖像画中，层叠的各式珍珠项链以及服饰上遍布的珍珠总是最先映入眼帘。

英国艺术史学家 Horace Walpole 在他 1894 年的著作《英国油画轶闻》（Anecdotes of Painting in England）中形容：看到肖像画中"囤积的珍珠"，任谁都可以立刻辨别画中人就是伊丽莎白女王。

闺蜜总是抱怨自己衣服太少，能穿出门的更是屈指可数，于是每周休息日拖着我逛街已经成为习惯。那天选好了一条连衣裙，可是她穿起来总感觉差点味道，售货员说是我们试穿的时候把腰带弄掉了。果然绑上腰带之后腰部的线条立马清晰了，有时候只是简单的一个小装饰，就能把衣服和人提升一个档次。

香奈儿是现代服装和配饰变革的重要开创者，1926 年设计的小黑裙，简约大方，而配饰的点缀就是小黑裙的另一看点。珍珠、胸针、胸花、腰带等都成为给小黑裙增色的要素。香奈儿偏爱珍珠配饰，并且从来不会只戴一条珍珠项链出门，但是每次的配饰都是恰到好处。

香奈儿这样说过："当你离开房间前，照照镜子然后去掉一件配饰。"巴尔扎克也曾说过："在人生的大风浪中，我们常常学船长的样子，在狂风暴雨之下把笨重的货物扔掉，以减轻船的重量。"

公司有一个同事就特别喜欢项链配饰。她身材高挑，总是一条牛仔短裤搭一件针织衫，看起来简单又大方。但是她偏偏每次都要搭配几条又长又大的类似于一条锁链的那种项链，其实这样的链子一条就刚好，太多反而导致整体的穿衣风格都跟着降低了一个档次。由此可见，恰到好处的配饰也很重要。

搭配时一定要注意：有时候衣服并不一定要多，也不需要花样百出，简洁大方的款式，才能给配饰留下展示的空间，这样更能体现出你的搭配技巧和品位。

很多女人不喜欢冬天，因为寒冷的冬天穿衣服会显得人很臃肿，更别提漂亮了。这些人往往忽略了帽子和围巾的作用。帽子除了可以保暖，还能起到修饰脸型的作用，而冬天的帽子也有很多选择，材质、款式各不相同。完全可以根据不同的穿衣风格搭配不同的帽子，如果裹在厚厚的羽绒服里，就完全可以选择红色的毛线帽来中和羽绒服带来的沉闷感。

围巾也可以为冬天的搭配增色不少。围巾是可以让脸型看起来更加小巧精致的利器，更重要的是它不挑脸型，再大的脸埋在围巾里，瞬间也能起到很好的缩小效果。如果深冬时节穿的大衣是以黑色或者是灰色为主，那么建议搭配的围巾最好是亮色，这样可以点缀色彩沉闷的大衣。

据统计，世界各国女性的搭配技巧中，日本女人用得最多的装饰品是丝巾，她们将丝巾与自己的衣服以不同的风格搭配，并且会让你情不自禁地注意她们的脸；法国女人使用最多的装饰品是胸针，利用胸针展示她们的浪漫情怀。

其实不只是衣服，有时候脸型也是选择配饰需要考虑的重点。有的女人脸型比较长，V领衣服或者领子开口很低的上衣都是不适合的。过长的耳环或者耳线也应该尽量避免。适合的上衣是圆领口或高领口衣服、马球衫或是带帽子的上衣，可以佩戴稍微宽大的耳环。而如果你是圆形脸的话，那么刚刚和长形脸的服饰相反。

有很多女性的脸比较方，就是人们口中的"国"字脸。

这类女人不适宜穿方形领口的衣服，宽大的耳环也是不适合的。而 V 形领口的衣服就可以很好地掩盖方形脸不够精致的缺点，漂亮的耳坠和小耳环都是可以考虑的。

也许你经常对着衣柜发呆，衣柜里那么多衣服，可是适合自己的却没有几件，那不妨搭配一点小饰品再试试看吧！

图书在版编目（CIP）数据

女人要有高级感 / 乔瑞玲著. — 北京：北京日报
出版社, 2020.1

ISBN 978-7-5477-3578-7

Ⅰ.①女… Ⅱ.①乔… Ⅲ.①女性 – 修养 – 通俗读物
Ⅳ.①B825.5-49

中国版本图书馆CIP数据核字(2019)第269971号

女人要有高级感

责任编辑：	王　芳	
作　　者：	乔瑞玲	
监　　制：	黄　利　万　夏	
特约编辑：	曹莉丽　孙　建　牛　雪	
营销支持：	曹莉丽	
装帧设计：	紫图图书ZITO®	
出版发行：	北京日报出版社	
地　　址：	北京市东城区东单三条8-16号	
	东方广场东配楼四层	
邮　　编：	100005	
电　　话：	发行部:（010）65255876	
	总编室:（010）65252135	
印　　刷：	天津联城印刷有限公司	
经　　销：	各地新华书店	
版　　次：	2020年1月第1版	
	2020年1月第1次印刷	
开　　本：	880毫米×1230毫米　1/32	
印　　张：	9.25	
字　　数：	140千字	
定　　价：	55.00元	